책으로 배울 수 없던, 팀장 리더십의 실전편
리더십, 책으로 배운 거 아니잖아요?

책으로 배울 수 없던, 팀장 리더십의 실전편
리더십, 책으로 배운 거 아니잖아요?

초판 1쇄 발행 2025년 6월 16일

지은이 김종남 외 8명
발행인 김종남
발행처 메타북스(META BOOKS)
교정·교열 박진영
북디자인·사진 및 일러스트 공디자인 퍼블리싱 Ⓚ
표지 손예린
주소 서울특별시 종로구 삼일대로 461
전화 02-6403-5553
이메일 odlabmeta@gmail.com
출판등록 2022년 7월 18일(제2020-000171호)

ISBN 979-11-974358-2-9 03320

ⓒ 김종남 외 8명, 2025

- 이 책의 저작권은 저자와 도서출판 메타북스가 소유합니다.
- 이 책은 저작권법에 따라 보호받는 저작물이므로 무단 전제와 무단 복제를 금합니다.
- 이 책의 내용의 전부 또는 일부를 이용하려면 반드시 저작권자와 도서출판 메타북스의 동의가 필요합니다.

※ 잘못된 책은 바꿔 드립니다.
※ 책값은 뒤표지에 있습니다.

책으로 배울 수 없던, 팀장 리더십의 실전편

리더십, 책으로 배운 거 아니잖아요?

대표 저자 김종남
김선량, 김철민, 권상윤, 나주현,
송지은, 신다정, 이병훈, 양지인

| 추천사 |

"실무 전문가에서 팀의 리더로 그 전환의 순간을 기억합니다."
첫 팀장 발령. 막막함이 먼저였습니다.
그때 이 책이 있었더라면 '기존 방식 내려놓기, 연결하기, 실행하기' - 이 책이 제시하는 3단계 전환 프레임워크는 명쾌합니다. 실무자의 성과가 아닌 팀원의 성장을 자신의 성과로 재정의하는 관점의 전환. 바로 이것이 '피터의 법칙'을 극복하는 핵심입니다. 다년간 교육 부서를 이끌며 수많은 신임 팀장을 만났습니다. 그들은 대부분 "무엇을 놓고 무엇을 새로 배워야 하나?"를 묻곤 했습니다. 이 책은 그 질문에 대한 답을 제공할 것입니다. 성과관리를 넘어 성취감을 관리하는 동기부여 리더십. 변화하는 환경에서 팀의 가치를 증명하는 전략적 사고. 스타트업부터 대기업까지 통용되는 실전 인사이트. 이론서가 아닌 팀장들이 매일 마주하는 현실적 딜레마와 해법을 담아 더욱 값진 책입니다. 신임 팀장에게는 든든한 멘토가, 경력 팀장에게는 리더십을 재점검하는 거울이 될 것입니다.
팀장의 길, 이제 혼자가 아닙니다.

한화인재경영원 팀장 설민준

모든 리더에게 선물하고 싶은 '리더십의 지도'와 같은 책입니다.
막막하지만 좋은 리더가 되고 싶은 주니어 리더에게는 목적이나 방향을 안내해 좋은 리더가 될 수 있도록 지도(指導)해주고 변화가 필요함을 느끼지만 기존 방식을 내려놓기를 어려워하는 시니어 리더에게는 자신의 위치와 목적지를 알려주는 지도(地圖)처럼 자신을 돌아보고 어디로 나아가야 할지를 보여줍니다. 다양한 사례를 통해 우리는 어떤 리더를 필요로 하고 어떤 리더가 되어야 하는지를 고민하고 성찰할 수 있도록 해줍니다. 변화를 이끌어가는 훌륭한 리더는 어떻게 성장하고 행동하는지를 체감할 수 있는 것이 이 책의 핵심입니다.
'리더십은 타고나는 것이 아니라 배우고 경험하며 만들어지는 것'이라고 생각합니다. 책으로 리더십을 배우고 경험을 통해 시행착오를 성찰해야 좋은 리더가 될 수 있기에 이 책은 리더라면 누구에게나 필요한 책입니다.

톤28 인사팀 팀장 김성갑

"좋은 리더는 어떤 사람인가?"

회사생활을 35년 이상 하고 정년이 3년도 남지 않은 작금에 나는 부서원들이 다시 근무하고 싶은 부서장이었는가 생각해보게 됩니다. 많은 부서장들과 생활하면서 부서장일 때는 알지 못했던 것들이 하나둘 보였습니다. 이 책에서처럼 기존 방식을 내려놓기 - 연결하기 - 실행하기를 적용해보면 좋은 리더가 될 수 있고 좋은 리더를 양성할 수 있습니다. 앤절라 더크워스는 『그릿』이라는 책에서 '성취 = 재능 × 열정$^{2)}$'이라고 했습니다. 교세라 회장 이나모리 가즈오도 '성공 = 재능 × 열정 × 사고방식'이라고 했습니다. 결국 리더는 부서원들과 소통하며 탁월한 성취를 만들기 위해 앞장서는 사람입니다.

어느 금메달리스트가 지난 4년 동안 자신보다 땀을 더 흘린 사람이 있으면 금메달을 가져가도 좋다고 기자회견하는 것을 본 적이 있는데 찰리 멍거는 가난한 찰리의 영감에서 원하는 것을 얻는 가장 안전한 방법은 그것을 얻을 자격을 갖추는 것임을 떠올렸습니다. 가장 아끼고 힘들게 습득한 아이디어조차 잘 버리며 기존 방식을 내려놓는 것으로부터 좋은 리더가 될 수 있으니 좋은 리더의 매뉴얼과 같은 이 책을 가까이 두고 열독하기를 추천합니다.

삼성생명 법인사업부 RM **심상렬**

'머리로 기억되는 것이 아니라 마음에 각인되는 리더십'

팀장이 된다는 것은 단순한 승진이 아니라 전혀 다른 게임에 들어가는 것이죠. 줄곧 잘해왔던 실무를 내려놓고 '팀원'을 통해 성과를 도출해야 하는 새로운 게임의 룰이 일부에게는 설레는 도전인 동시에 누군가에게는 적잖은 부담으로 다가오기도 합니다. 다년간 인사팀 리더로 일하며 수많은 리더의 시행착오를 지켜본 저에게 이 책은 무척 반가운 안내서였습니다.

초보 팀장에게는 현실적이고 따뜻한 첫걸음을, 경험 많은 리더에게는 리더십을 돌아보고 리셋할 기회를 줍니다. 이론보다 실전, 정답보다 공감이 담긴 이야기들이 고개를 끄덕이게 하고 때로는 피식 웃게 만듭니다. 혼자 끙끙대는 리더가 아닌 함께 성장하는 리더가 되고 싶다면 이 책이 '리더십의 초심을 정해주고 잡아주고 지켜주는 든든한 가이드'가 되어줄 겁니다.

W컨셉 People&Culture 팀장 **남유신**

| Prologue |

재정비를 통해 다시 태어나는 팀장 리더십

기존 방식 내려놓기 ― 연결하기 ― 실행하기
: 새로운 시대의 팀장 리더십 3대 전환

　조직에 몸담은 사람에게 가장 결정적인 변화는 '처음으로 팀장이 된 리더'의 성공적인 전환에서 일어납니다. 뛰어난 팀원이었던 사람이 어느 날 팀장이 되면 그는 더 이상 '일 잘하는 사람'이 아니라 '사람을 통해 성과를 내는 사람'으로 역할이 완전히 바뀝니다. 하지만 여전히 많은 신규 팀장들이 기존 성공 방정식을 고집하며 팀을 이끌어 가려고 합니다. 그 결과, 리더는 지치고 팀은 방황하고 조직은 정체됩니다.
　하지만 이제는 다릅니다. 팀장 리더십도 시스템을 리셋하듯이 재정비(retooling)되어야 합니다. 빠르게 변하는 업무 환경, 밀레니얼과 Z세대의 조직 가치관, 실행 중심의 리더십 요구 속에서 팀장은 다음과 같은 3가지 새로운 전환을 경험해야 합니다.

　기존 방식을 내려놓고 연결하고 실행하기!
　이것이 바로 오늘날 팀장이 리더로 거듭나기 위해 반드시 걸어가야 할 3가지 리더십 전환의 여정입니다.

1. 기존 방식 내려놓기(Unlearn)

팀장으로서의 첫 걸음은 과거의 나를 지우는 데서 시작됩니다. 언러닝(Unlearning) 없이는 새로운 리더십이 있을 수 없습니다. 대부분의 팀장들은 실무 능력이 탁월했던 개인 기여자였습니다. 하지만 팀장의 역할은 '내가 잘하는 것'에서 '다른 사람이 잘하게 하는 것'으로 완전히 전환됩니다. 이때 반드시 필요한 것이 언러닝 즉, 기존 사고와 습관 내려놓기입니다. 하버드대 크리스 아기리스(Chris Argyris)교수는 '이중구조 학습(Double-Loop Learning)' 개념을 통해 기존 신념과 사고방식을 의심하고 그 기반부터 재구성할 수 있어야 진정한 학습이 가능하다고 말했습니다. 즉, "팀장의 경우에도 기존 방식은 더 이상 통하지 않는다"라는 치열한 자각에서 리더십은 출발합니다. 팀장은 코치이자 촉진자이자 연결자이며 방해물을 치워주는 사람이 되어야 합니다. 과거 방식에 안주한다면 팀장으로서의 성장은 정체됩니다. 이처럼 리툴링의 첫 단계는 과거를 놓아주는 용기입니다.

2. 연결하기(Connect)

리더십은 결국 사람의 마음을 다루는 일입니다. 팀장의 진짜 도구는 전략보다 휴먼 터치입니다. 많은 팀장들이 전략이나 보고, 목표관리에는 능숙하지만 정작 사람의 마음을 연결하는 데는 미숙합니다. 하지만 오늘날 팀원들은 성과만큼이나 '공정함', '성장 기회', '존중', '안전감' 같은 공공선을 중시합니다. 이 공공선을 리더가 어떻게 다루느냐에 따라 팀원의 몰입과 조직 내 심리적 안전감은 크게 달라집니다. 조직심리학에서 말하는 심리적 계약(Psychological Contract)은 공식적인 지시나 규칙보다 비공식적인 기대와 신뢰, 관계에서 형성되는 무형의 계약이 중요함을 의미합니다. 심리적 계약이 제대로 형성되지 못하면 아무리 좋은 제도나 전략도 사람을 움직일 수 없습니다. 따라서 팀장은 팀원 개개인의 니즈를 민감하게 감지하고 서로 다른 배경과 리듬에 맞추어 관계를 조율하는 감성 지능을 갖추어야 합니다. 그 전제는 늘 '휴먼 터치'입니다. 눈을 맞추고 이름을 기억하고 조용히 곁에 서주는 그 순간들이 리더십의 진짜 무기가 됩니다.

3. 실행하기(Act)

말 많은 리더보다 움직이는 리더가 조직을 바꿉니다. 리더십은 언어보다 실행력으로 평가받습니다. 리더십을 발휘하는 데 언어 특히 말이 중요합니다. 하지만 말은 행동이 뒷받침되지 않으면 공허하며 오히려 신뢰를 실추시킵니다. 실제 현장에서 팀원들은 리더가 어떤 말을 했는지가 아니라 행동으로 무엇을 보여주었는지를 기억합니다.

스탠포드대 경영대학원 제프리 페퍼(Jeffrey Pfeffer) 교수는 자신의 저서 『리더십 BS』에서 "현실의 리더는 말보다 행동, 도덕보다 성과, 감성보다 실행으로 평가받는다"라고 지적했습니다. 팀장은 멋진 슬로건을 말하는 사람이 아니라 조직의 기준을 실천하는 사람이어야 합니다. 특히 불편한 상황에서 책임을 회피하지 않고 솔선수범하며 작은 약속 하나라도 지켜내는 팀장은 팀 내에서 곧 신뢰의 상징이 될 수밖에 없습니다. 리더는 말로 평가받지 않고 실천으로 존재감을 증명합니다. 훌륭한 리더십은 멋진 말이 아니라 눈앞에서 보여주는 작은 실천 하나에서 시작됩니다.

맺음말

팀장이 변하면 팀이 살아납니다. 리더십은 어느 날 갑자기 주어지는 직함이 아닙니다. 팀장이라는 직함은 과거의 나와 작별하고 사람과 연결되며 실행으로 증명하는 '변화의 리허설'입니다. 기존 방식 내려놓기, 연결하기, 실행하기 이 3가지 전환을 통해 새로운 도구로 리더십을 재정비할 때 여러분의 상황과 입지가 어떻든 단순한 팀장이 아니라 팀의 변화를 이끄는 진정한 리더가 될 것임을 여러 현장 전문가들의 목소리로 이 책은 입증하고자 합니다.

2025년 6월

김종남(John Kim)

추천사 · 4

Prologue · 6

....

1장 리더로 성장하기 · 15

초보 팀장을 위한 안내서

1.1 처음이라 막막한 팀장으로의 도전 · 16

1.2 효과적인 팀장의 역량 · 20

1.3 팀과 팀장의 역할 구분 · 23

1.4 노력이라는 이름의 함정 · 27

1.5 목표를 가지고 시작하기 · 29

1.6 목표 설정을 위한 준비단계 · 31

1.7 팀의 운영 방안 수립하기 · 33

....

2장 리더십의 길목 · 37

팀장으로 성장하기

2.1 실무자와 팀장의 다름 이해 · 39

2.2 리더십의 정의와 다양한 리더십 전략 및 스킬 · 42

2.3 팀을 이끄는 좋은 리더로 성장하기 위한 체계적 방법 · 45

....

3장 산업별 팀장 DNA: 금융과 소매업의 리더십 코드 · 55

금융업의 팀장들

3.1 신용카드 비즈니스의 성장 과정 · 56

3.2 데이터에 대한 광적인 집중 · 58

3.3 문제는 데이터야, 바보야 · 60

CONTENTS

3.4 금융업의 HR 트랜스포메이션 · 63

리테일 비즈니스

3.5 리테일 비즈니스의 성장 과정 · 67

3.6 소비자의 눈높이에 맞춘 사업운영 · 69

3.7 지속 가능한 성장은 내부 고객으로부터 시작된다 · 71

....

4장 스타트업 팀장의 생존과 성장 전략 · 77

"누가 스타트업의 팀장이 될 상인가?"

4.1 스타트업은 처음이에요 · 79

4.2 태생 자체가 스타트업 · 84

4.3 스타트업 성장규모별 합류 트렌드 및 장·단점 · 87

스타트업 팀장으로 적응하기

4.4 말이 통하고 일이 통하는 팀장 · 94

4.5 성장! 성장! 성장! 그로스 해커형 팀장이 필요하다 · 98

4.6 느림의 미학은 스타트업에서는 유효하지 않다 · 100

"스타트업 이후에는 어떤 커리어를 원하시나요?"

4.7 합류한 스타트업 회사에서 계속 일하는 경우 · 103

4.8 또 다른 스타트업 또는 아예 다른 업계에서 다시 경력을 이어가는 경우 · 104

....

5장 팀장으로 리딩하기 · 109

'성과를 만들어내는 스타트업 팀장의 리더십'

5.1 동기부여 리더십 · 111

5.2 성과관리 리더십 · 114

5.3 가치제공 리더십 · 117

6장 팀워크와 조직문화 · 121

개인주의 시대, 팀십을 위한 리더의 마인드셋

6.1 팀워크의 초석 다지기 각 개인이 가진 업무적 가치, 일하는 방식에 대한 이해 · 125

6.2 우리 팀의 존재 이유를 '함께' 합의하기 · 136

6.3 협업 성공 경험 축적하기 · 147

6.4 심리적 안전감 조성하기 · 148

6.5 팀워크를 저해하는 직원 피드백하기 · 151

6.6 함께하는 즐거운 루틴 만들기 · 152

6.7 마무리하며: 팀워크는 팀 성공의 핵심 · 154

7장 효과적인 조직운영을 위한 팀장의 역할 · 157

회사의 목표와 일치시키고 팀원들을 리딩하는 팀장들

7.1 성과가 좋은 팀과 성장하는 팀, 우리는 어떤 팀을 지향해야 하는가? · 170

7.2. 차기 팀장으로 누구를 육성할 것인가? · 174

7.3 효과적인 조직으로 가는 길 · 180

8장 팀장을 위한 슬기로운 사내 정치 생활 · 183

사내 정치, 당신은 어떻게 하고 있나요?

8.1 업무 능력만큼 중요한 팀장의 '정치 지능' · 188

8.2 사내 정치의 기술, 어떻게 키울 것인가? · 192

8.3 사내 정치의 첫 번째 기술, 사회적 예리함 · 192

8.4 사내 정치의 두 번째 기술, 대인관계 영향력 · 194

8.5. 사내 정치의 세 번째 기술, 인맥 관리 능력 · 196

8.6 사내 정치의 네 번째 기술, 표면적으로 나타나는 진실성 · 198

CONTENTS

8.7 사내 정치의 희생양이 되지 않기 위해 당신이 해야 할 일 · 199

9장 리더십 전환의 기술: 부정에서 긍정으로 · 203

왜 리더십 전환이 필요한가?
9.1 부정적 리더십 스타일의 종류와 특징 · 205
9.2 부정적 리더십을 피하고 긍정적 변화를 이끄는 리더십 · 211
9.3 리더의 작은 행동 변화가 조직의 큰 차이를 만든다 · 217

10장 팀장이 반드시 갖추어야 하는 문화 리더십 · 221

팀을 넘어 조직을 바꾸는 힘
10.1 팀장은 조직문화의 촉진자다 · 224
10.2 조직문화는 말이 아닌 태도로 전파된다 · 229
10.3 팀의 문화 진단과 변화 실습 · 232
10.4 문화 리더십의 5가지 실천 전략 · 236
10.5 다양한 조직 사례 속 팀장이 문화를 변화시킨 이야기 · 240
10.6 팀을 넘은 문화적 영향력: 리더로서 팀장의 사명 · 244

부록 1. 리더 성찰 질문 30선 묶음 · 249
부록 2. 문화 리더십 실천 루틴 체크리스트 · 251
참고문헌 · 252

리더로 성장하기

1

초보 팀장을 위한 안내서

처음 팀장이 되는 순간 누구나 낯설고 당황스러울 수 있습니다. 개인의 역량이나 조직의 성숙도에 따라 다소 차이는 있지만 대부분은 팀장이라는 역할을 맡았을 때 자신이 충분히 준비되었다는 확신과 자신감이 있는 경우는 드물기 때문입니다. 새로운 역할은 미지의 세계로 떠나는 여행처럼 어떤 도전과 어려움이 기다리고 있을지 예측하기 어렵습니다. 이러한 불안감과 두려움이 우리를 성장시키며 자신을 더 깊이 이해하게 합니다. 이 여정에서 우리는 함께 배우고 성장하며 새로운 성과를 이루기 위해 힘을 합쳐 나아갈 것입니다.

1.1 처음이라 막막한 팀장으로의 도전

김 차장은 자기개발에 열정을 가진 사람으로 회사에서도 매사 최선을 다하고 성과를 내려고 부단히 노력했습니다. 이러한 그의 모습을 높게 보아 팀장으로 임명되었습니다. 회사의 지지와 지원으로 성과 좋은 팀원으로 구성되었으며 그 자체만으로도 자부심을 가지는 팀입니다. 기대 가득한 처음과 달리 새로운 역할에 따른 고민이 생기기 시작했습니다. 그는 팀원들의 노력과 기여를 자주 언급하며 성과에 대한 칭찬을 아끼지 않았습니다. 하지만 팀원에게 칭찬과 인정을 표현하는 것이 자신을 점점 불안하게 만들고 있다는 것을 깨달았습니다. 그의 마음 한편에서 '나는 잘하고 있나?' '내 성과는 충분한가?'라는 의문이 들었습니다.

김 차장은 그동안 자신이 수행해 왔던 역할과 다르게 팀을 이끄는 역할을 맡게 되었습니다. 이러한 새로운 역할에 따른 고민은 이전 실무자로서의 경험과 리더로서의 역할이 다름을 인식하게 된 결과입니다. 김 차장의 인식과 같이 그동안 실무자로서의 경험과 리더로서의 역할 사이에는 중요한 차이점이 있습니다. 실무자는 주로 자신의 담당에 따른 책임에 집중하며 업무의 세부 사항에 관심을 두곤 합니다. 그러나 팀장은 팀원을 이끄는 역할로 더 넓은 시야에서 팀 전체의 성과와 목표를 고려하는 것이 필요합니다. 이러한 새로운 역할을 정확히 이해하고 적응하는 데 시간이 걸릴 수 있으며 이전과 같은 방식으로는 성과 목표를 설정하는 것이 어려울 수 있습니다.

리더로서의 역할은 단순히 목표를 달성하는 것 이상으로 팀원들의 협력을 통해 팀의 성과를 높이는 것을 의미합니다. 따라서 김 차장이 이러한 역할 변화에 대한 인식을 높이고 더 효과적으로 수행하기 위해 지속적인 학습과 개발에 주력해야 합니다. 팀원들과의 긴밀한 협력과 지속적인 개발로 김 차장은 더 훌륭한 리더로 성장할 수 있을 것입니다. 이러한 노력을 통해 팀장으로 성과 목표를 설정하는 것에 대한 어려움을 극복하고 효과적인 리더십을 발휘할 것으로 기대합니다.

감성적인 댄디보이 이 차장은 팀원들의 고충을 깊이 공감하고 이해력을 발휘하며 사내에서 인기가 많은 팀장 중 한 명입니다. 그는 팀원들의 업무에서 어려움을 공감하고 더 나은 환경을 조성하기 위해 노력했습니다. 그러나 이러한 공감과 도움이 때로는 팀의 균형을 무너뜨릴 수 있습니다. 결과적으로 어려움을 내색하지 않은 일부 팀원에게 업무 부담이 생겨 전반적인 팀워크가 약화되는 상황에 직면하고 있습니다. 자신에게 주어진 업무와 역할에 대한 공정성을 요구하며 팀 내부에 긴장과 갈등이 생기고 협력의 질도 약화되었습니다.

팀 구성원들과의 긍정적인 관계 형성은 리더십의 핵심 중 하나로 간주됩니다. 그러나 이러한 관계 형성이 지나치면 팀원과의 관계에서 균형을 깨뜨릴 우려가 있습니다. 업무 분배와 역할 부여는 팀의 성공에 결정적인 역할을 합니다. 이를 위해서는 공정성과 균형을 유지하는 것이 중요합니다. 이 차장은 자신만의 감성적인 리더십과 공정한 업무 관리를 조화시켜야 합니다. 각 구성원의 다양성을 존중하고 개인의 역량과 기여를 최대한 높이며 팀의 조화를 도모하는 방법을 찾아야 합니다.

업무 분담과 역할 부여에서는 모든 팀원이 공평하게 참여할 수 있도록 노력해야 하며 일부 팀원이 지나치게 부담을 느끼지 않도록 하는 세심한 주의가 필요합니다. 역할의 정의는 각 팀원이 업무에서 혼선을 방지하고 자신의 업무에 집중할 수 있도록 도와줍니다. 팀원들의 역할을 정하기 위해서는 각자의 전문성과 역량을 최대한 살리는 방안을 모색해야 합니다. 또한 업무 환경이 항상 변하기 때문에 팀원들의 역할과 업무 분장을 조정할 수 있는 유연성을 유지해야 합니다. 필요에 따라 업무를 조정하고 팀원들에게 적절한 지원을 제공하기 위해 노력해야 합니다. 이는 팀의 효율성을 높이고 결과적으로 팀의 성과와 성공을 촉진할 것입니다.

초특급 승진으로 팀장이 된 박 차장은 회사에서 유명한 일잘러입니다. 그동안 자신이 담당했던 업무를 완벽히 수행한 경험을 인정받아 이제는 팀을 이끌고 협력해야 하는 리더로서의 역할을 맡았습니다. 그러나 자신과 달리 열정과 전문성이 떨어지는 팀원을 가르치고 함께 일하는 것이 어려워 답답한 마음에 모든 일을 혼자 처리하는 상황입니다. 팀원들도 항상 바쁜 팀장님을 도우면서 일을 배우고 싶지만 기회가 없어 자신들의 능력을 펼치지 못하고 있습니다. 이러한 상황에서 박 차장은 어떻게 팀원들과 협력하면서 효과적으로 업무를 나누고 지도할 수 있을지 고민입니다.

권한위임을 통해 팀원 주도적으로 일을 진행하다 보면 팀장이 모든 일을 챙기지 못하는 경우가 많습니다. 따라서 나중에 팀장이 성과물을 보기에 뭔가 아쉬운 부분이 생길 수밖에 없습니다. 그렇다고 기존 방식대로 혼자 성과를 내려고 할수록 업무는 점점 버거워지고 팀원들은 무시당하고 방치된 느낌을 받을 수 있습니다. 팀원과의 상호작용은 팀의 성과에 큰 영향을 미칩니다. 성과를 내려고 혼자 처리하지 않고 팀으로서의 성공을 추구하기 위해서는 적극적으로 리더십을 발휘해야 합니다.

팀원들이 자신의 역량을 최대한 발휘하면서 동시에 팀 전체의 성과를 향상시키는 것은 리더의 주요 역할 중 하나입니다. 개별 면담을 통해 팀원들이 어떤 경험을 했는지, 어떤 역량을 보유하고 있는지, 어떤 분야에서 성장하고 싶어 하는지 파악함으로써 리더는 팀원들의 강점을 명확히 이해할 수 있습니다. 각 팀원의 개별 역량을 고려해 업무를 할당하면 팀원들은 자신의 능력을 최대한 발휘할 수 있습니다. 이를 기반으로 업무를 효과적으로 분배하고 각 팀원이 성과를 내도록 도움을 줄 수 있습니다. 이러한 접근은 팀원들에게 자신의 역량이 인정되고 존중받는다는 느낌을 주며 일의 동기 부여를 증진시킵니다. 결과적으로 팀은 더 강력하고 효과적으로 협력하며 더 나은 성과를 끌어낼 것입니다.

세 명의 초보 팀장 사례를 살펴보면서 어떤 생각이 드셨나요? 세 팀장의 사례에서 나타나는 교훈은 리더십 역할에 대한 이해와 적응, 업무 분배와 역할 부여에서의 공정성 유지, 팀원들의 강점을 활용한 권한위임의 중요성 등입니다. 이러한 교훈을 바탕으로 각 팀장은 자신만의 리더십 스타일을 발전시키며 팀과 조직의 성과를 촉진해 나갈 수 있을 것입니다. 정리하자면 실무자는 개별 업무에 집중하고 특정 임무를 완료하는 데 중점을 두었지만 팀장은 팀 전체를 이끌고 팀원들과 협력해 조직의 목표를 달성하는 데 주력해야 합니다. 팀장은 팀의 방향성을 제시하고 조정하며 팀원들을 동기부여하고 지도하며 팀원 개발과 팀의 성과 향상을 촉진하는 역할을 수행합니다.

1.2 효과적인 팀장의 역량

팀장은 팀원들의 역량을 개발하고 협력을 촉진해 목표 달성을 돕는 주요 인물입니다. 그렇다면 효과적인 팀장이 되려면 어떤 역량이 필요하며 이러한 역량을 어떻게 개발할 수 있는지에 대한 고민이 필요합니다. 앞의 사례에서 살펴봤듯이 팀원으로는 매우 유능했던 사람이 팀장이 되고 나서 급격히 무능해지는 경우가 있습니다. 이를 '피터의 법칙'이라고 부릅니다. 피터의 법칙이란 특정 분야의 업무를 잘해낼 경우 그 능력을 인정받아 승진하게 되는데 직위가 높아질수록 오히려 능률과 효율성이 떨어지고 급기야 무능한 수준에까지 이르는 현상입니다[1]. 그렇다면 우리는 피터의 법칙을 어떻게 극복할 수 있을까요? 핵심적인 방법으로 팀장에게 필요한 역량을 알고 개발하는 것이 중요합니다.

'유능한 팀장이 되기 위해서는 어떤 역량이 필요할까?' 고민한다면 팀장에게 필요한 역량과 실무자에게 필요한 역량이 다르다고 생각하는 것입니다. 이에 대해 많은 학자들이 자신의 프레임워크를 통해 다양한 방법으로 설명하고 있습니다. 이 중에서 로버트 카츠(Rovert Katz) 교수의 『효과적인 관리의 기술(Skills of an effective Administrator)』이라는 제목의 논문에서 제시된 기술적 역량, 대인관계 역량, 개념화 역량은 팀장이 갖춰야 할 핵심적인 능력을 잘 요약하고 있습니다.

우선 기술적 역량은 자신의 분야에 대한 전문적인 지식과 기술을 확보하는 데 중요한 역할을 합니다. 팀원들의 신뢰를 얻기 위해서는 자신의 전문성을 고려하는 것이 중요합니다. 팀을 이끄는 데는 해당 분야에 대한 실무

---

[1]. Peter, L. J., & Hull, R. (1969). The peter principle (Vol. 4). London: Souvenir Press.

경험이 필요하며 최신 동향과 기술적 변화에 대한 이해가 필수입니다. 다음으로 대인관계 역량은 다양한 사람들과 원활하게 소통하고 협업하는 능력을 강조합니다. 효과적인 리더는 팀원들 간 관계를 조화롭게 유지하고 갈등을 관리할 수 있어야 합니다. 감정 지능과 리더십으로 팀원들을 끌어내는 것이 효과적인 팀 협업을 위한 핵심이 될 것입니다. 마지막으로 개념화 역량은 현상의 본질을 파악하고 의미를 부여하며 구조화하는 능력을 의미합니다. 팀장은 팀의 비전과 목표를 이해하고 이를 팀원들에게 명확히 전달할 수 있어야 합니다. 복잡한 문제를 해결하고 전략을 수립하기 위해서는 개념화된 사고와 분석적인 능력이 필수적입니다.

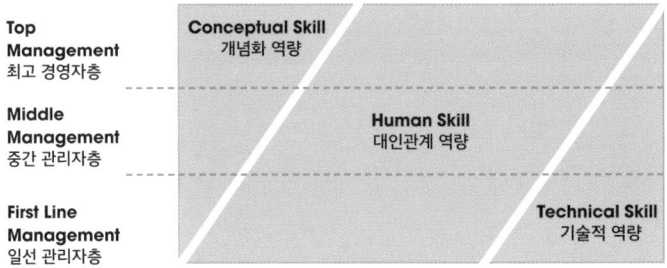

계층별 역량 모델(Rovert L. Katz)

직책이 높아짐에 따라 리더는 다양한 책임을 지게 되며 이로 인해 업무의 성격도 변화하게 됩니다. 상위 계층으로 올라갈수록 예외적이고 복잡한 업무에 더 많이 집중해야 하므로 개념화 역량의 중요성을 더 높게 인식해야 합니다. 계층별 역량 모델에서 우리가 유심히 봐야 할 점은 대인관계 역량입니다. 다른 역량과 달리 대인관계 역량은 일선 관리자에서부터 최고 경영자에 이르기까지 모든 관리계층에서 강조되고 있습니다. 이는 모든 수준의 리더가 조직의 목표를 달성하기 위해 효과적인 소통과 협업 능력이 요구되는 것입니다. 대인관계 역량은 능동적인 의사소통과 함께 현안에 대한 자신의 시각을 넘어 다른 이들의 시각을 이해하고 수용하는 능력을 포함합니다. 이는 리더가 단순히 명령과 지시를 내리는 것이 아니라 팀원들의 의견을 듣고 존중하며 공감하는 리더십 스타일을 채택할 필요가 있음을 시사합니다.

1.3 팀과 팀장의 역할 구분

열심히 일하며 성과를 올리던 실무자에서 갑자기 조직을 이끌며 '팀으로 성과를 내라'라는 역할을 맡게 되었을 때 처음으로 실무와 관리에 대한 고민을 시작할 것입니다. 실무와 관리의 균형은 팀장을 처음 맡을 때 모두 직면하는 어려운 주제입니다. 팀장은 단순히 개인의 성과를 뛰어넘어 팀 전체의 성과에 주목해야 하기 때문입니다. 앞으로는 본인의 성과보다 팀 전체의 성과가 중요하며 그것을 위해서는 본인의 시간과 역량을 최적으로 팀과 조화롭게 조합해 나가야 합니다. 이를 위해 다음을 참고해 자신만의 기준을 마련하길 바랍니다.

팀장으로 효율을 높이고 불필요한 부분을 제거하기 위해서는 역할의 본질에 집중해야 합니다. 불필요한 업무에 시간을 투자하는 대신 본질적인 부분에 과감히 집중함으로써 효과적인 팀장으로 성장할 수 있습니다. 이를 잘 보여주는 사례로 사우스웨스트항공사는 항공 서비스의 본질이 승객을 안전하고 저렴하게 이동시키는 데 있다고 판단하고 지정석, 기내식 서비스, 공항 라운지와 같이 본질과 직접적인 관련이 없는 부분들을 과감히 제거했습니다.[2] 주기적으로 어떤 부분을 더 향상시킬 것인지 고민하는 대신 어떤 부분을 더 간소화하고 제거할 것인지에 대한 논의를 진행합니다. 팀의 업무도 비슷한 방식으로 살펴봐야 합니다. 개인 업무에서 낭비되는 요소를 찾아내 이를 제거함으로써 생산성을 향상시킬 수 있습니다. 더 나아가 시스템적인 낭비 요소에 대한 분석과 개선을 통해 팀 전체의 효율을 높이는 데 기여할 수 있습니다.

구체적으로 업무의 본질과 관련 없는 낭비 요소를 제거하는 방법은 다음과 같습니다. 먼저 팀에서 수행하는 업무를 전체적으로 나열해 봅니다. 다음 그림과 같이 4분면으로 나누어 봅니다. 세로축은 업무의 중요도, 가로축은 일을 얼마나 빨리 끝내야 하는가에 관한 시급도를 나타냅니다. 업무를 두 개 차원에 위치시킴으로써 각각의 개별 업무의 상대적 위치를 시각화할 수 있습니다. 여기서는 중요한 업무에 집중함으로써 업무 효율을 높여 나가는 것이 핵심 전략입니다.

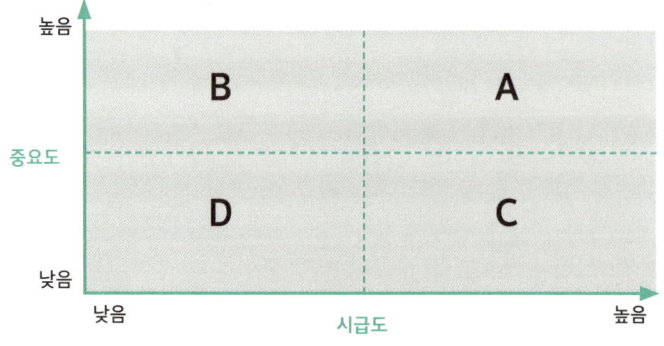

아이젠하워 우선순위 매트릭스(Eisenhower Matrix)

업무를 정리하고 업무 우선순위를 정하는 과정에서 주의할 점은 시급도보다 중요도를 기준으로 우선순위를 결정하는 것입니다. 시급하면서 중요한 일과 시급하지 않지만 중요한 일을 중심으로 해결해야 할 업무를 선정합니다. 중요하지 않은 업무는 과감히 제거하거나 다른 팀원에게 위임할 방안을 찾아봅니다. 이런 식으로 업무를 정리하고 본질에 집중함으로써 시간과 노력을 더 효과적으로 활용할 수 있습니다.

구체적으로 각 영역별로 알아보면 A 영역은 중요도와 시급도 모두 높은 업무를 나타냅니다. 이 영역에서의 성공은 전체 프로젝트나 업무 계획의 핵심을 이루며 팀 전체의 성과에 직접적인 영향을 미칩니다. 팀장은 A 영역의 업무를 효율적으로 끌어내는 데 매우 중요한 역할을 수행해야 하지만 모든 A 영역 업무를 팀장이 직접 수행해야 하는 것은 아닙니다. 오히려 팀원들에게 적절한 업무를 위임하고 그들에게 책임을 부여함으로써 팀 전체의 역량을 한층 높일 수 있습니다. 그러나 A 영역 특성상 시급하고 중요한 업무이기 때문에 이를 위임할 때 팀원들은 상당한 부담을 느낄 수 있습니다. 때때로 팀장이 자신이 책임지기 싫어 회피한다고 오해받을 수 있습니다. 따라서 팀장은 우선 소통을 통해 팀원들에게 심리적 안정감을 제공하고 동시에 팀원들의 역량 수준과 업무 성격을 면밀히 고려해 위임 범위와 방식에 신중을 기해야 합니다. 이를 통해 단순한 위임을 넘어 팀원들의 성장과 신뢰를 동시에 끌어내며 결과적으로 성과를 극대화할 수 있는 리더십을 발휘해야 합니다.

---

2. Heath, C., & Heath, D. (2008). Made to stick: Why some ideas take hold and others come unstuck. Random House.

B 영역의 업무는 팀원들의 역량 향상을 촉진하는 핵심적인 부분으로 이러한 역할을 효과적으로 수행하려면 위임이 필요합니다. 이러한 위임 과정에서는 단순히 일을 맡기는 것을 넘어 팀원의 성장과 전문성 향상을 촉진할 계획이 선행되어야 합니다. 초기에는 팀장이 적극적으로 관여해 팀원들이 업무에 어떻게 접근하고 문제를 해결하는지 깊이 이해해야 합니다. 이는 팀원들이 실제 경험을 통해 학습하고 습득할 수 있는 소중한 기회를 제공하는 것입니다. 관여의 목적은 단순한 지시가 아니라 팀원들이 스스로 문제 해결책을 모색하고 발전할 수 있도록 유도하는 것입니다. 팀원들의 역량이 점차 증진되면 팀장은 점진적으로 관여를 줄이고 더 많은 책임과 권한을 팀원들에게 부여해야 합니다. 팀원들이 자립적으로 일을 수행하고 의사결정을 내릴 수 있도록 더 많은 책임과 권한을 부여하는 것이 중요합니다. 이를 통해 팀원들은 자신의 역량을 실제로 발휘할 수 있는 기회를 얻게 되며 이는 팀 전체의 성과 향상에 기여할 것입니다.

C 영역의 업무는 중요도가 낮지만 시급성이 높은 업무를 나타냅니다. 이는 팀원 스스로 답을 찾으면서 업무를 진행할 수 있는 자율적인 환경을 제공하는 데 적합한 업무입니다. 이 영역에서 팀장은 팀원들이 주도적으로 참여할 수 있도록 역할을 부여하고 업무 수행을 돕는 데 중점을 두어야 합니다. 그러나 이 업무들 중에서 팀 외부에서 협조하는 경우의 업무와 관련해서는 다소 주의를 기울일 필요가 있습니다. 이러한 종류의 업무를 팀원에게 일임하고 무관심하다면 외부에서 필요 이상으로 요청하는 등 업무 범위를 벗어날 우려가 있습니다. 이러한 상황에서 실제 업무 협조는 팀원이 진행하는 것이라도 요청 자체는 팀장을 통해 이루어지게 해 팀원들

이 높은 밀도의 작업을 수행하면서 경험과 역량을 향상할 수 있도록 지원해야 합니다.

D 영역의 업무는 최대한 줄이는 것이 좋습니다. 우선순위가 낮은 업무를 과감히 정리해 팀원들에게 핵심적인 일에 시간과 에너지를 더 할애할 수 있도록 도와주어야 합니다. 해당 활동을 최적화하거나 새로운 접근 방식을 도입할 수 있습니다. 표준화하거나 자동화하는 등 필요에 따라 외부 업체에 아웃소싱하는 것도 고려해 볼 수 있습니다. 활동을 제거할지 결정하는 데 몇 가지 핵심 질문을 고려하는 것이 도움이 됩니다. 바로 "이 작업은 반드시 해야 하는 중요한 작업인가, 아니면 선택적인 작업인가?" "이 작업을 다른 사람에게 부탁할 수 있는가?" 등입니다.

1.4 노력이라는 이름의 함정

신입사원 시절의 서툴렀던 순간들은 직장생활에서의 성장 과정에서 매우 의미 있는 부분입니다. 취업 준비를 하면서 일할 준비가 되었다고 의기양양했던 것도 잠시, 새로운 환경에서 무엇부터 시도해야 할지 모르는 막막함과 때때로 실수도 저지르며 점점 적응하면서 배웠던 시절입니다. 어색한 당시 우리가 어떻게 성장하고 발전해 왔는지 생각하게 만듭니다. 이러한 경험을 통해 얻은 배움은 오늘날 우리가 자신감 있게 업무에 임할 수 있도록 만들어 주었습니다.

새로운 환경에서 일할 때의 성공은 지속적인 도전과 학습이 필요하다는 것을 알아야 합니다. 이와 마찬가지로 팀장이라는 새로운 역할은 이전과는 또 다른 도전을 의미합니다. 즉, 지나온 성공이 새로운 역할에서의 성공을 보장하지 않는다는 인식을 유념해야 합니다. 따라서 팀장으로서는 지금까지의 성공적인 경험을 기반으로 하지만 새로운 환경에서의 요구와 도전에 대처할 수 있는 유연성과 적응력이 필요합니다. 나아가 새로운 역할에 적응하기 위해서는 현재의 역량을 돌아보고 어떤 부분에서는 강점이 되겠지만 동시에 약점이 될 수도 있다는 것을 고려하는 것이 중요합니다. 이를 통해 개인의 강점을 살려 업무를 효과적으로 이끌어 나갈 수 있으며 약점에 대해서는 지속적인 개선과 학습을 통해 보완할 수 있습니다.

앞에서 박 차장의 사례를 다시 언급하자면 "모든 것을 완벽히 해야 하는 방식"이 실무진일 때는 강점이었지만 팀장으로서는 동시에 약점으로 작용할 수 있습니다. 좀 더 자세히 살펴보자면 박 차장은 꼼꼼히 일을 처리하는 강점이 있었습니다. 그는 특히 숫자나 문서의 오탈자를 잘 찾으며 오류 없는 문서를 만드는 것을 '완벽'이라고 정의하고 있었습니다. 새로운 환경에서는 자신의 강점과 약점을 인식하고 팀원들과의 협력을 강화하며 팀 전체의 성과를 도모하는 방향으로 노력해야 합니다. 그러나 박 차장은 팀장으로서의 새로운 역할에서는 현재의 노력만으로는 부족하다는 것을 이해하지 못한 채 자신의 강점에만 집중했습니다. 본인의 강점으로 지금까지 일한 방법을 인정받아 팀장의 역할을 부여받았다고 생각하기 때문에 자신만의 방식을 고수하게 되는 것입니다.

처음 팀원들에게 일을 지시하고 검토하게 되면 중간 중간 오류를 수정하라는 피드백이 반복되면서 '내가 팀원들의 실수를 검토해주는 사람인가? 왜 이렇게 모두 실력이 없지? 이런 식이라면 내가 하는 게 더 빠르겠네'라는 생각으로 확장되었습니다. 모두의 기대에 부응해 팀을 운영하고 싶은 압박이 박 차장을 점점 예민하게 만들었고 결과적으로 팀원들을 불신하게 되었습니다. 팀원들이 하는 일에 간섭이 점점 늘어갔고 중요한 일은 본인이 혼자 처리했습니다. 이러한 박 차장의 간섭 때문에 팀원들은 자신의 업무에 대한 책임을 더 이상 느끼지 못하게 되었습니다. 팀원들은 자신들의 역량과 아이디어를 펼칠 기회가 제한되자 주도적으로 참여하지 않게 되었고 팀 내 창의성과 협업은 사그라졌습니다.

다른 사례를 들자면 모두의 의견을 잘 듣고 조율하는 데 강점이 있는 팀장이 긴급한 결정을 내려야 할 상황에서도 그 방식만 고수한다면 '우리 팀장님은 결단력이 부족하다'라는 평가를 받을 수 있습니다. 즉, '노력이라는 이름의 함정'은 때로는 지나치게 노력을 기울이면서도 문제의 본질을 파악하지 못하고 적절한 전략을 세우지 않는 상황을 의미합니다. 노력은 중요하지만 어떤 방식으로 노력하는가가 더 중요합니다. 즉, 팀의 문제점을 팀원들과의 소통, 신뢰 구축, 팀원의 역량 발전 등 여러 측면에서 고려해야 합니다.

1.5 목표를 가지고 시작하기

"왜 팀을 만들어 같이 일하는 걸까요?" 팀이란 팀을 구성하고 있는 팀원들의 집단으로서 팀 공동의 목표를 달성하기 위해 함께 일하는 소규모 그룹입니다. 최근까지 연구들에서 직무의 복잡성 때문에 개인보다 팀이 뛰어난 성과를 달성하고 있음이 확인되었습니다. 특히 빠르게 변화하는 상황에 더 유연하게 대처할 수 있는 구조로 많은 기업에서는 팀 제도를 경직적이고 반영구적인 조직 편제보다 효과적인 운영 방식으로 선택하고 있습니다. 일반적으로 근로자가 개별적으로 직무를 수행할 때보다 팀원들 간의 협력을 통해 긍정적인 시너지를 창출하는 것으로 이해됩니다. 구체적으로 팀 구성원들이 보유한 상호보완적 기술(Complementary skills)의 시너지 효과로 팀에서의 업무 성과가 개별 근로자들 노력의 개별적 성과의 산출적 합보다 크다는 것을 검증했습니다[3].

우선 팀을 정의하기 위해서는 작업팀(work team)과 작업집단(work group)을 구별해야 합니다. 스테판 로빈스(Stephen P. Robbins)의 개념화 방법론에 따르면 집단은 팀에 비해 느슨하게 정의된(loosely defined) 조직으로 간주할 수 있습니다. 작업집단은 협력이 필요한 공동작업을 수행할 필요가 없으며 성과는 구성원 개개인의 개별적 노력을 합한 것으로 시너지 효과가 제한적이거나 거의 없다고 할 수 있습니다. 반면, 작업팀은 작업집단에 비해 확장된 목표와 운영 방식을 가지고 활동합니다. 작업팀은 조직화를 통해 집단성과를 향상시키고 상호보완적 책임과 기술에 기반한 팀 내 상호작용을 통해 효과적인 시너지를 달성하는 것을 목표로 합니다.

우리 팀을 작업집단으로 운영하실 건가요 아니면 작업팀으로 운영하실

---

3. Robbins, S. P. (2008). Organizational Behavior, 13rd ed., New York Prentice Hall, p.358

건가요? 여기서 핵심은 공동의 목표입니다. 팀원들과 공동의 목표를 만들고 이를 향해 함께 나아가는 것을 고민해야 합니다. 우선 공동의 목표를 만들기 위해 다음과 같은 프로세스를 활용하면 조직이 원하는 목표에 가깝게 도달할 거라고 생각합니다.

1.6 목표 설정을 위한 준비단계

팀을 성공적으로 이끄는 핵심은 즉각적이고 단기적인 성과물에만 초점을 맞추지 않고 장기적인 비전과 목표를 설정해 팀의 지속적인 성장을 이루는 것입니다. 목표 설정을 위한 준비단계로 상사와 핵심 관계자들과의 협의가 필수적입니다. 이는 팀이 나아갈 방향에 대한 공감대를 형성하고 주요 이해관계자들의 기대와 목표를 이해하는 기반을 제공합니다. 목표를 수립하기 위해 좀 더 구체적인 다음 면담을 제안합니다.

내가 맡은 팀이 신설 팀이 아니라면 전임 팀장과의 면담에서 그동안 팀의 핵심 업무, 목표, 어려움에 대해 질문하는 것은 목표를 수립하기 위한 중요한 단계입니다. 이러한 정보 수집은 팀을 이해하고 구성원들과의 효과적인 커뮤니케이션을 돕는 데 큰 도움이 될 것입니다. 전임 팀장에게서 얻은 정보를 토대로 현재 팀을 운영하면서 유의해야 할 점과 개선할 부분을 식별할 수 있습니다. 그러나 전임자의 경험을 경청하되 새로운 시각과 전략을 추가해 팀의 성과를 높이는 방안을 고민해야 합니다. 겸손한 자세로 이전 성과를 존중하고 동시에 팀을 더 나은 방향으로 나아가게 만들기 위한 새로운 전략을 모색하는 것이 성공적인 리더십의 출발입니다.

조직장과의 면담은 조직 전체의 이익을 고려할 수 있도록 도와주기 때문에 팀의 방향을 설정하는 데 매우 중요합니다. 이 면담을 성공적으로 이끌기 위해서는 면담 전에 개인적인 생각을 체계적으로 정리하는 등의 충분한 준비와 전략이 필요합니다. 우선 그동안의 팀 성과를 되돌아보며 조직장이 팀과 나에게 어떤 기대를 하는지 숙고해야 합니다. 이는 나만의 명확한 비전과 팀의 방향을 이해하는 데 도움이 될 것입니다. 양방향 소통의 기회인 면담에서는 명확한 비전을 전달할 수 있어야 합니다. "네 생각은 뭔데?"라는 질문에 당황하며 정리되지 않은 말을 하면 시작부터 신뢰를 잃어버릴 수 있습니다.

나아가 질문을 적극적으로 활용해야 합니다. 나를 팀장으로 선발한 이유, 기대하는 부분, 전임 팀장의 성과와 개선점에 관한 대화는 상호 신뢰와 투명성을 증진시키는 중요한 과정이 됩니다. 이러한 대화를 통해 팀의 방향과 전략을 더 명확히 구체화할 수 있으며 이는 더 효과적인 운영계획 수립으로 이어질 것입니다. 면담을 통해 얻은 정보와 통찰력을 토대로 팀을 리드하는 방식을 조정하고 새로운 도약을 위한 준비를 강화할 수 있습니다.

다음으로 팀의 비전과 목표를 구축하기 위해서는 팀원들과의 긴밀한 관계 형성을 위한 세심한 노력이 선행되어야 합니다. 다소 빠르게 향후 팀의 비전을 논의하기보다 먼저 서로 알아가는 단계가 선행되어야 합니다. 팀이 하나로 효과적으로 동작하려면 서로 이해하며 신뢰하는 기반이 필요하기 때문입니다. 따라서 리더는 팀원과의 친분을 쌓아나가며 서로 팀이라는 하나의 존재로 느낄 때 비로소 팀의 목적에 관한 대화를 이어가는 것이 적절합니다.

다음으로 팀원들과 개개인의 강점과 약점, 성향, 업무 스타일 등을 공유하면서 팀의 운영 방안을 구체화하는 단계로 나아가야 합니다. 이 과정에서 리더는 팀원들의 의견을 경청하고 현재 팀이 진행 중인 일에 대한 만족과 개선점을 살펴보는 것이 중요합니다. 이러한 과정에서 팀원들에게 희망과 동기를 심어주는 것이 필요합니다. 진솔한 대화를 통해 리더는 팀이 목표를 구체화하는 것에 대한 의지를 공고히 할 수 있습니다.

즉, 주변 환경과 팀원의 다양한 기대와 요구를 파악하는 것은 팀 운영 전략을 효과적으로 수립하기 위해 선행되어야 합니다. 이러한 기반 위에서 팀의 방향성을 명확히 하고 팀원들에게 명확한 가이드라인을 제시함으로써 팀의 효율성을 향상시킬 수 있습니다.

1.7 팀의 운영 방안 수립하기

주도적으로 팀 운영 계획을 세우고 이를 팀원들과 공유하는 것은 팀 내 신뢰를 증진시키는 중요한 단계입니다. 팀원들은 소속 팀의 방향성과 목표를 명확히 이해하게 되며 팀장이 이를 효과적으로 이끌어 나갈 것이라는 확신을 갖게 됩니다. 더불어 상호간 믿음과 소통이 강조되면서 팀원들은 팀 운영에 대한 불안감을 최소화할 수 있습니다. 이러한 과정을 통해 팀은 단결력을 강화하고 성과를 높일 수 있을 것입니다.

운영 계획을 세우는 것은 어렵게 느껴질 수 있지만 회사의 미래 비전, 내부 구성원들의 기대, 외부 고객의 요구사항을 종합적으로 고려하는 것이 필요합니다. 이러한 종합적인 고민을 통해 팀이 어떻게 발전해야 하는지, 어떤 목표를 달성해야 하는지에 대한 명확한 비전을 그려낼 수 있습니다. 이때 3년 후 팀의 상황을 상상하고 그 모습을 그려보는 것은 중요한 과정입니다. 이를 통해 팀은 더 넓은 관점에서 미래를 내다볼 수 있으며 현재의 역량과 약점을 파악해 강화해 나갈 방향을 찾게 됩니다. 또한 이 상상 속에서 올해의 끝까지 그리고 현재 단계에서 어떤 계획을 세워나가야 하는지에 대한 마일스톤을 만들 수 있을 것입니다.

이러한 과정은 팀원들과의 긴밀한 협력을 요구합니다. 팀원들은 각자의 전문성과 아이디어를 공유하면서 창의적인 논의를 거치고 협업을 통해 팀의 미래를 공동으로 그려나가게 됩니다. 이는 팀원들 간의 신뢰를 높이고 각자의 역할을 명확히 이해하는 데 큰 도움이 됩니다. 이러한 단계를 통해 그려진 로드맵은 팀의 목표를 구체적이고 체계적으로 수립할 수 있게 해줍니다. 이것은 단순한 계획서 이상으로 팀의 미래를 함께 그리고 실현해 나가기 위한 중요한 출발점이 될 것입니다.

마지막으로 초보 팀장에서 리더로 성장하려는 당신의 여정을 진심으로 응원합니다.

리더십의 길목

2

팀장으로 성장하기

팀원(실무자)

매주 있는 팀의 업무보고일에 팀 실무자인 A 팀원은 전주 업무 진행 상황과 금주 예정 업무를 정리합니다. 자신이 수행한 업무, 프로젝트 진행 상황, 개인적인 성과에 중점을 두고 정리한 주간업무일지를 보고한 후 팀장님에게 자신이 필요로 하는 지원과 피드백에 관심을 두지만 본인이 원하는 방향으로 돌아가지는 않습니다. 실망한 A 팀원은 팀원들과 업무 이야기를 나누면서 생각합니다. '아, 나도 빨리 실무 그만하고 관리하고 결정할 수 있는 팀장 하고 싶다.'

팀장(리더)

매주 있는 팀의 업무보고일 전날 A 팀장은 팀원들이 작성한 주간업무일지를 보면서 팀 전체적인 업무를 체크하고 있습니다. A 팀원이 작성한 주간업무일지를 보며 원하는 지원과 피드백을 해주고 싶지만 팀장의 관점에서는 B 팀원보다 효율성이 떨어진다고 생각합니다. 본인은 팀장으로서 조직의 비즈니스 목표 달성에 팀의 역할과 기여를 주시하며 전략적 계획을 세우고 실행함으로써 팀을 이끄는 역할을 했다고 생각하지만 팀원들이 느끼는 불만은 팀장도 느끼고 있습니다. 저녁에 다른 팀의 팀장과 술 한 잔 하면서 생각합니다. '아, 나도 본인 업무만 신경 쓰면 되는 실무자가 다시 되고 싶다.'

위 팀원과 팀장의 상황을 보면서 어떤 생각이 드시나요? 둘 다 본인의 상황에서 최선을 다했다는 생각이 들지만 아쉬움이 느껴집니다. 맞습니다. 팀원과 팀장 A는 모두 저의 과거 이야기입니다.

과거의 필자는 팀원에서 팀장으로 성장하기 위해 많은 시행착오를 겪었고 지금도 좋은 팀장으로 성장하기 위해 많은 고민을 하고 있습니다.

리더십의 길목에 있는 팀장 그리고 좋은 팀장으로 성장하기 위한 저의 고민이 지금 팀장직을 시작하는 예비 팀장님들에게 조금이라도 도움이 되었으면 좋겠습니다.

2.1 실무자와 팀장의 다름 이해

1) 실무자와 팀장의 근본적인 차이

필자는 팀장 제안을 처음 받은 이후 인사발령까지 긴 시간적 여유가 있었고 그 시간은 매우 큰 도움이 되었습니다. 팀장으로서 어떻게 업무를 할지에 대한 고민의 시간이 있었습니다. 고민에 대한 팀장 여정의 출발점은 팀원

(실무자)과 팀장(리더)의 근본적인 다름을 이해하는 것이었습니다. 실무자와 팀장은 서로 다양한 책임과 역할을 맡고 있으며 그들 간의 차이점은 명확했습니다.

실무자: 주로 실질적인 업무 수행에 중점을 두고 그들의 전문 분야에서 지식과 기술을 활용해 업무를 원활하게 수행하고 일상적인 작업에 집중합니다.

팀장: 리더십의 핵심을 대표하는 역할을 맡고 있습니다. 그들은 비전과 목표를 제시하고 팀원들을 효과적으로 조직해 협력과 효율성을 극대화합니다. 또한, 전체적인 방향을 제시하고 팀원들을 이끄는 데 중점을 둡니다.

필자는 팀의 규모, 상황, 회사에서 바라보는 팀장의 역할 등 회사마다 다르겠지만 실무자와 팀장의 근본적인 차이를 위의 내용으로 바라보고 팀장의 첫 업무를 시작했습니다.

2) 팀장에게 필요한 역량 및 리더십의 중요성

팀원은 어떤 문제의 결정이 필요할 때는 리더를 바라볼 수밖에 없고 리더는 책임을 지는 자리이고 올바른 결정을 내릴 수 있는 시야와 문제 해결 능력, 전체 팀원을 리딩할 수 있는 리더십을 가지고 있어야 합니다. 또한, 팀장은 역량과 리더십을 바탕으로 조직의 비전과 목표를 이해하고 이를 팀원들에게 명확히 전달할 수 있는 능력과 리더십 스킬을 개발하고 팀원들을 효과적으로 이끌어야 합니다. 업무 분배, 성과 평가, 팀 문화 조성과 같은 다양한 역할을 수행하는 동안 리더십 능력이 중요하게 작용합니다. 이런 팀장과 함께한다면 그 팀은 자연스럽게 실무자와 조화로운 협업으로 이어지고 그 조직은 효율적이고 창의적인 팀 환경을 조성할 수 있습니다.

3) 리더가 되기를 꺼리는 이유, 팀장들이 겪는 문제

하지만 많은 인원이 리더십의 길목에서 리더가 되기를 부담스러워 하는 경우가 많습니다. 팀장을 꺼리는 것은 다양한 심리적, 개인적, 환경적 요인에서 비롯됩니다.

첫째, 팀을 책임져야 한다는 부담으로 인한 스트레스와 불안이 있을 수 있습니다. 리더는 조직의 결과와 팀원들의 성공에 대한 주도적 역할을 맡아야 하기 때문에 이는 자연스럽게 큰 책임과 압박을 수반합니다.

둘째, 실패와 비판에 대한 두려움이 리더십을 회피하는 이유 중 하나입니다. 리더는 의사결정의 책임을 지며 그로 인해 발생하는 실패는 조직 전체에 영향을 미칠 수 있습니다. 이에 대한 두려움은 새로운 도전에 나서기를 꺼리게 만들 수 있습니다.

또한, 자부심 부족과 관련된 요소도 있습니다. 일부 사람들은 자신에 대한 믿음이 부족하거나 리더로서의 능력을 과소평가해 자신감이 부족한 경우가 있습니다.

마지막으로 환경적으로 팀장에게 책임과 의무만 강요하고 지원이 없는 경우가 있습니다. 리더로서의 보상(직책수당) 및 인센티브, 전문적인 리더십 교육 등의 지원은 팀장의 리더십 역할을 강화하고 조직의 성과 향상을 위해 긍정적인 업무 환경을 조성하는 데 도움을 줍니다.

이러한 이유들로 리더가 되기를 꺼리지만 이러한 도전에 대한 긍정적인 마인드와 개인 성장을 통해 자신의 역량을 강화하면서 리더로서 나아간다면 리더십의 길목에서 성공적으로 나아갈 수 있다고 생각하고 리더로서의 이러한 경험은 추후 다양한 측면에서 도움이 될 거라고 생각합니다.

2.2 리더십의 정의와 다양한 리더십 전략 및 스킬

1) 리더십 이론과 기술

그렇다면 리더로서 무엇보다 중요한 리더십이란 도대체 무엇일까요? 리더십은 조직이나 그룹 내에서 목표를 달성하기 위해 다른 개인들을 이끄는 데 필요한 기술과 특성을 포함하는 개념입니다. 긍정적인 리더십은 단순히 지시하거나 명령하는 것을 넘어 영향력을 통해 다른 사람들을 동기화하고 이끄는 능력을 의미합니다. 이를 팀의 상황으로 보면 팀, 나아가 회사의 비전과 목표를 이해하고 그것을 팀원들에게 명확히 전달하는 데서 출발하며 팀을 동기화하고 조화롭게 조정해 목표를 달성하기 위해 상황에 따라 적절한 리더십 스타일을 선택하는 데 이르기까지 다양한 요소를 포함할 수 있습니다.

리더십은 다양한 형태와 스타일을 가지고 있으며 회사와 팀의 상황, 조직 문화, 리더와 구성원의 관계 등에 따라 다양하게 변할 수 있습니다. 이러한 다양함 속에서도 목표 달성을 위해 리더들은 다른 개인들을 동기화하고 이끄는 과정에서 소통, 영감, 팀 빌딩, 문제해결, 의사결정, 공정한 대우 등 다양한 리더십 기술을 활용할 수 있어야 합니다.

리더십은 단순히 지위나 직책에 의해 시작할 수 있지만 진정한 리더십은 리더의 특정한 행동과 태도를 통해 발휘되며 효과적인 리더는 그룹이나 조직의 성과를 향상시키고 구성원들의 발전을 촉진하는 데 주도적인 역할을 합니다.

2) 업종별 다양한 리더십 유형

리더십은 조직의 업종과 문화, 특성에 따라 다양한 형태를 취할 수 있고 상황에 맞게 조절되어 행해지고 있습니다. 이제 몇 가지 주요 업종을 예로 들어 업종별 리더십 유형을 유명인물을 통해 간략히 살펴보겠습니다.

(1) 기술 및 IT 업계

사례: 스티브 잡스(Steve Jobs)는 애플 CEO로서 혁신적인 제품을 개발하고 시장을 선도한 리더로 인정받았습니다. 그의 변혁, 카리스마 리더십은 직원들에게 창의성과 혁신을 격려하며 실패를 인정하고 실패로부터 학습하는 문화를 조성했습니다.

특징: 기술 및 IT 업계에서는 빠른 기술 변화와 혁신이 중요하므로 변혁적 리더십이 효과적입니다. 리더는 변화를 주도하고 직원들에게 새로운 아이디어를 수용하고 구현할 기회를 주어야 합니다.

(2) 제조업

사례: 일론 머스크(Elon Musk)는 제조업에서 혁신과 기술 발전을 주도하는 리더로서 화두를 모으고 비전을 실현하는 데 주력했습니다. 그의 리더십은 혁신과 새로운 기술 도입을 촉진하며 기존 업계의 표준을 뒤엎었습니다.

특징: 제조업에서는 기술의 진보와 효율성 개선이 중요합니다. 변혁적 리더십은 새로운 기술과 프로세스를 도입하고 업계 변화에 적응하는 데 도움이 됩니다.

(3) 금융 서비스 업계

사례: 제인 프레이저(Jane Fraser)는 금융 서비스 업계의 시행착오와 경험을 토대로 시행착오를 줄이고 안정성을 강화하는 데 중점을 둔 상황적 리더십을 펼쳤습니다. 그녀는 은행 내에서 문제를 조기에 파악하고 조직 전반에 안정성을 확보하기 위해 노력했습니다.

특징: 금융 서비스 업계에서는 안정성과 규제 준수가 핵심입니다. 리더는 상황을 신속히 파악하고 조직 내에서 안정성을 유지하며 위험을 관리해야 합니다.

(4) 의료 및 공공보건 서비스

사례: 안토니오 구테레스(Antonio Guterres)는 전직 유엔 사무총장으로 그는 국제 보건 상황에서의 리더십에서 서번트 리더십의 가치를 나타냈습니다. 특히 전 세계적으로 대유행한 코로나 팬데믹에서 국제사회를 이끌며 협력과 봉사적 태도를 보여주었습니다.

특징: 의료 및 공공보건 서비스 업계에서는 서번트 리더십을 통해 봉사적 가치를 실현하고 환자 중심의 의료 서비스를 강조하며 팀과 협력해 사회적 가치를 창출하고 있습니다.

각 업종들은 고유한 특성과 도전 과제를 가지고 있으며 리더십 스타일은 이러한 특성을 반영해야 합니다. 예비 리더분들도 본인의 리더십이 한 가지로 정해져 있는 것이 아니라 현재 팀 상황에 적절히 적용하는 것이 효과적인 리더십을 구축하는 핵심 중 하나라고 생각합니다.

2.3 팀을 이끄는 좋은 리더로 성장하기 위한 체계적 방법

1) 자기 인식과 업무적 성장하기

리더십은 지속적인 학습과 성장의 여정입니다. 좋은 리더로 성장하기 위해서는 맨 먼저 자기 인식과 업무적 성장을 꾸준히 발전시켜야 합니다.

(1) 자기 인식의 깊이 파악하기

지속적인 리더십 성장의 첫걸음은 자기 인식의 깊이를 파악하는 것입니다. 자신의 강점과 약점을 정확히 이해하고 개선이 필요한 부분을 인지하는 것이 중요합니다. 필요하다면 동료 팀장, 팀원 등 360도 피드백을 활용하거나 자기평가를 통해 다양한 시각에서의 피드백을 수용하며 성장의 기반을 다져야 합니다.

(2) 피드백 수용과 적극적인 활용

좋은 리더는 피드백을 두려워하지 않습니다. 오히려 피드백을 자주 수용하고 적극적으로 활용함으로써 개선할 기회를 찾을 수 있습니다. 팀원들, 동료들, 심지어 아래 계층의 의견에 귀 기울이고 이를 토대로 지속적인 발전을 추구해야 합니다.

(3) 목표의 명확한 설정과 추적

성장을 위해서는 명확하고 현실적인 목표가 필요합니다. 큰 목표를 작은 단계로 나누어 설정하고 그에 따른 진척을 꾸준히 확인해야 합니다. 목표를 통해 자신의 성장 방향을 정하고 달성함으로써 성취감을 느낄 수 있습니다.

(4) 지속적인 학습과 개발

좋은 리더는 언제나 학습을 멈추지 않습니다. 업무의 트렌드 및 업계 동향, 리더십 기술, 팀 관리 방법 등의 최신 정보를 습득하고 적용해 자신을 계속 발전시켜 나가야 합니다. 독서, 세미나 참석, 온라인 강의 수강 등 다양한 학습 방법을 활용해 지속적인 전문성 향상 노력이 필요합니다.

(5) 멘토십과 네트워킹 활동

다양한 경험을 얻기 위해서는 본인에게 맞는 멘토가 필요합니다. 멘토와의 관계를 구축하고 업계 내에서 네트워킹을 활발히 한다면 다양한 배경의 사람들과 소통하면서 새로운 아이디어를 얻을 뿐만 아니라 다양한 관점에서의 조언과 지원을 받을 수 있습니다.

좋은 리더로서 성장하는 여정은 끝없이 지속적이어야 하며 다양한 노력이 필요합니다. 자기 인식의 정확한 이해와 업무적 성장을 위한 노력이 조합되면 좋은 리더의 위치에 도달할 수 있을 것입니다.

2) 비전, 목표 설정 및 소통, 피드백하기

많은 리더들이 꿈꾸는 것 중 하나는 팀원들과 함께 성장하고 발전하는 것입니다. 이를 위해서는 팀원들과의 강력한 소통, 공유된 비전과 목표, 지속적인 피드백이 필수적입니다.

(1) 비전의 공유

비전은 팀이 함께 향할 목표를 제시하는 핵심입니다. 리더로서 성장할 때 팀원들과 공유하는 강력한 비전은 모두 공감하고 향후 발전할 방향을 명확히 이해하는 데 도움이 됩니다. 비전은 단순한 목표 달성을 넘어 조직의 핵심 가치와 목적을 함께 나누는 것입니다. 쉽지 않지만 팀이 한 방향을 보고 움직여야 그 팀은 더 발전할 수 있습니다.

(2) 목표 설정과 공유

모든 구성원이 향할 목표를 공유하는 것은 팀원들을 향상시키는 핵심 중 하나입니다. 목표는 구체적이고 현실적이고 측정 가능해야 합니다. 목표를 설정할 때 팀원들과 함께 논의하고 그 목표가 어떻게 전체 비전과 연결되는지 설명하세요. 팀원들이 목표를 이해하고 동의할수록 목표 달성을 위한 힘을 모으기가 더 쉬워집니다.

(3) 효과적인 소통

소통은 리더와 팀원 간의 상호작용을 원활하게 만드는 핵심 중 하나입니다. 팀원들과 열린 대화를 유지하고 자유로운 의견 교환 환경을 조성하세요. 팀원들이 언제든지 의견을 나누고 질문할 수 있는 분위기를 유지하면 조직 내에서의 소통이 효과적으로 이루어질 것입니다.

(4) 지속적인 피드백

피드백은 성장의 핵심 도구 중 하나입니다. 리더로서 성장할 때는 팀원들에게 정기적이고 건설적인 피드백을 제공하세요. 양호한 면과 개선이 필요한 부분에 대해 공정하게 전달하면서 동시에 팀원들의 성취를 인정하는 것이 중요합니다. 이는 팀원들이 더 나은 방향으로 나아가도록 돕고 동기부여를 제공할 것입니다.

좋은 리더로 성장하려면 비전 공유, 목표 설정과 공유, 효과적인 소통, 지속적인 피드백이 조화롭게 이루어져야 합니다. 이러한 요소들은 팀원들과의 긍정적인 상호작용을 통해 리더십의 진화와 팀의 성과 향상을 끌어낼 것입니다. 함께 성장하는 리더로서의 여정에서 이러한 원칙들을 기억해 팀원들과 함께 빛나는 미래를 창조하세요.

3) 팀원 개발 및 교육하기

리더십은 단순히 목표를 이루는 것을 넘어 팀원들의 올바른 성장을 끌어내는 것이 중요합니다. 훌륭한 리더로 성장하며 팀원들을 함께 성장시키기 위해 고려해야 할 핵심 전략들을 알아봅시다.

(1) 개별적인 강점과 약점 이해

각 팀원이 가진 독특한 강점과 약점을 파악하는 것은 리더에게 중요한 역할입니다. 각 개인의 역량을 정확히 평가하고 그들의 잠재력을 최대한 발휘할 수 있는 업무를 부여하세요. 동시에 개선이 필요한 부분의 피드백을 건설적으로 전달해 지속적인 성장을 유도하세요.

(2) 명확한 목표와 계획 수립

팀원들이 성장하기 위해서는 명확히 정의된 목표와 실행 가능한 계획이 필요합니다. 리더는 팀원들과 함께 구체적이고 현실적인 목표를 설정하고 그 목표를 달성하기 위한 단계적인 계획을 수립해야 합니다. 이를 통해 팀원들은 자신의 발전 방향을 명확히 이해하고 그에 따라 행동할 수 있게 됩니다.

(3) 자기 주도적 학습 장려

팀원들을 자기 주도적인 학습으로 이끌면 지속적인 성장이 가능합니다. 리더는 자원과 도구를 제공하는 동시에 팀원들이 스스로 학습하고 개발할 수 있는 환경을 조성해야 합니다. 온라인 강의, 도서, 세미나 참석 등의 기회를 제공해 자기 주도적 학습을 촉진하세요.

(4) 열린 소통과 협업 환경 조성
팀원들이 서로 경험을 공유하고 협력할 수 있는 환경을 조성하는 것이 중요합니다. 리더는 열린 소통을 장려하고 팀원들 간의 피드백 문화를 정착시켜야 합니다. 서로 아이디어를 존중하고 공유함으로써 팀원들은 서로에게 영감을 주며 함께 성장할 수 있습니다.

(5) 도전적인 프로젝트와 기회 제공
팀원들의 올바른 성장을 위해서는 도전적인 프로젝트와 발전 기회를 제공하는 것이 중요합니다. 새로운 도전에 대한 경험은 팀원들에게 자기 발전의 기회를 제공하며 성취감을 높일 수 있습니다. 리더는 팀원들의 강점을 고려해 적절한 도전을 제시하고 성공적으로 수행될 수 있도록 지원해야 합니다.

좋은 리더는 팀원을 단순히 일의 수행자가 아니라 전문성과 인격적 성장을 추구하는 파트너로 여깁니다. 팀원들의 올바른 성장은 조직의 희망찬 미래를 끌어내는 핵심입니다. 함께 성장하며 서로 성장을 응원하는 리더십은 팀원들이 더 나은 버전의 자신으로 발전하도록 돕습니다.

4) 팀 협업과 문화 조성하기

리더십은 단순한 명령과 지시가 아니라 팀의 협업과 문화를 조성하는 주역이 됩니다. 훌륭한 리더로 성장하는 여정에서 팀의 협업과 함께 좋은 팀 문화를 건설하기 위한 주요 전략을 알아봅시다.

(1) 투명하고 개방적인 소통의 활성화

협업의 핵심은 투명하고 개방적인 소통에 달려 있습니다. 리더는 팀원들과의 소통을 촉진하고 의견 교환의 문을 열어야 합니다. 팀원들에게 의견을 나눌 기회를 제공하고 리더의 방향성을 명확히 전달해 모든 구성원이 공유된 목표를 이해하고 그것을 향해 나아갈 수 있도록 합니다.

(2) 공감과 이해에 바탕한 리더십

팀 문화는 리더의 가치관과 태도에서 시작됩니다. 리더는 팀원들의 고민과 어려움을 공감하며 이해하는 자세를 유지해야 합니다. 개인의 성공이 팀 전체의 성공으로 이어지도록 지원하고 실수에 대한 학습 기회로 삼아야 합니다.

(3) 다양성과 포용을 존중하는 환경 조성

다양성은 창의성과 혁신의 원동력이 됩니다. 리더는 다양한 경험과 배경을 가진 팀원들의 차이를 존중하고 이를 통합해 풍부한 아이디어와 해결책을 창출할 수 있는 환경을 조성해야 합니다. 팀원들이 자신의 독특한 가치를 느끼고 발휘할 수 있도록 지원합니다.

(4) 공동의 목표와 계획 수립

협업은 공동의 목표와 그 목표를 향한 단계적 계획에서 시작됩니다. 리더는 팀원들과 함께 목표를 공유하고 그 목표를 달성하기 위한 전략적 계획을 수립합니다. 각 구성원은 자신의 역할과 책임을 명확히 이해하고 팀 전체가 하나의 목표를 향해 힘을 합칠 수 있도록 리더십을 발휘합니다.

(5) 자기 주도적 팀원 육성과 보상체계 설립

자기 주도적인 팀원은 팀의 성과를 높일 수 있는 열쇠입니다. 리더는 팀원들을 자기 주도적 학습과 성장을 촉진하도록 유도하며 성과에 따른 공정한 보상체계를 수립합니다. 이는 팀원들의 동기부여를 높이고 자율성을 존중하는 문화를 조성하는 데 도움이 됩니다.

좋은 리더로 성장하는 과정에서 팀의 협업과 문화는 리더의 리더십에 의해 결정됩니다. 열린 소통, 공감과 이해, 다양성 존중, 공동의 목표와 계획, 자기 주도적 팀원 육성은 팀 문화를 발전시키고 협업을 강화하는 데 필수적인 원칙들입니다. 함께 성장하며 서로 존중하고 지지하는 팀 문화는 팀원들에게 긍정적인 영향을 미치며 조직 전체의 성공을 끌어낼 것입니다.

실무자에서 팀장으로 그리고 조직의 성장을 이끄는 팀장으로 나아가기 위해 글을 작성하고 있지만 결국 위의 내용을 이해하고 각자의 상황에 맞는 방법을 찾아내는 것이 가장 중요하다고 생각합니다.

2장. 리더십의 길목

산업별 팀장 DNA:
금융과 소매업의 리더십 코드

3

금융업의 팀장들

3.1 신용카드 비즈니스의 성장 과정

금융업은 크게 은행업, 증권업, 자산운용업, 부동산신탁업, 신용카드업, 금융중개업, 생명보험업, 손해보험업 등으로 구분할 수 있습니다. 어떤 비즈니스든 재화와 서비스가 금융기관을 통해 거래되고 이는 거래 당사자 간 신용도에 따라 거래 규모와 방식, 절차의 차이가 변하게 됩니다. 즉, 금융기관이라는 플랫폼에 기반한 거래장터(마켓 플레이스)가 형성되는 것입니다.

그중 필자가 경험한 신용카드업은 개인·법인 등 신용카드회원이 가맹점으로부터 물품 및 용역을 구매할 수 있도록 신용을 제공하고 신용카드회원에게 단기카드대출(현금서비스), 장기카드대출(카드론) 등 장단기 자금을 대여하거나 고객이 전자제품, 내구재, 자동차 등을 할부로 구매할 수 있는 할부금융 서비스, 회사가 자동차 등을 구입한 후 이용자에게 대여하고 이용료를 받는 리스·렌탈 서비스를 제공하는 것을 주요 사업으로 운영하고 있습니다. 그 외 회원정보를 활용한 보험대리판매, 쇼핑 및 여행알선 등 부대사업서비스를 제공하고 있습니다. 즉, 신용카드를 발급받아 가맹점에서 사용할 수 있는 결제편의 서비스 외에 현금서비스, 카드론 등 신용등급에 따라 여신금융 서비스를 제공하는 것으로 기업의 수익성 측면에서는 장단기 자금대출로 인한 수수료 수입이 크지만 국민경제의 건전성 측면에서 무제한 확대하는 것은 다소 한계가 있습니다.

재화와 서비스 거래방식의 변천과정을 보면 과거에는 필요한 물품이 있으면 비슷한 가치를 가진 물품끼리 교환해 사용하는 등가 교환경제였다면 금 또는 화폐의 출현 이후에는 이를 통한 물품의 구매 및 판매가 꽤 오랫동안 통용되었고 1900년대 중반 최초의 신용카드가 생겨나면서 화폐보다 신용카드를 통해 재화를 거래하는 방식이 증가하게 되었습니다. 대한민국도 1978년 외환은행의 비자카드가 일반 고객 대상으로 최초로 발급되었으며 이후 은행 및 신용카드사에서 경쟁적으로 차별화된 상품과 서비스가 탑재된 플라스틱 카드를 발급해오고 있습니다. 보통 4장 내외 카드를 갖고 다니는 소비 패턴으로 인해 한때 지갑 내 카드비중(SOW: Share of Wallet)을 높이기 위한 각종 마케팅 출혈 경쟁이 치열했던 시절도 있었습니다.

2008년 미국의 서브프라임 모기지 금융위기로 인해 국내 금융시장도 큰 타격을 받았지만 1997년 국제통화기금(IMF) 사태 이후 고도의 신용관리 체계를 구축한 덕분에 큰 무리 없이 위기를 극복했고 이후 디지털 트랜스포메이션을 통한 신용카드 서비스 기능 고도화 및 업무 생산성 향상을 추구하게 되었습니다. 최근에는 ICT 기업들이 금융서비스를 제공하면서 플라스틱 카드에서 모바일 앱카드로 카드발급 방식이 변화되는 추세인데 모바일 페이먼트 서비스의 편의 기능 확대 등으로 인해 전통적인 금융업 내 경쟁이 아닌 핀테크, 테크핀 등을 필두로 경쟁시장의 규모와 복잡도가 유래없이 증가해 치열해지는 상황입니다.

여신협회 통계자료에 따르면 2022년 12월 기준 발급되어 이용 중인 신용카드(체크카드 제외)는 총 1억 2,417만 2천 장이며 일시불, 할부 및 현금서비스를 포함한 총 신용상품 및 서비스 이용금액은 연간 941조 3,640억 원에 달한다고 합니다. 2022년 대한민국 국내총생산(GDP)이 2,161조 7,739억 원이니 국내 신용카드 이용금액이 GDP의 43% 정도로 경제활동에 미치는 영향력이 꽤 크고 중요한 측면이 있다고 볼 수 있습니다.

3.2 데이터에 대한 광적인 집중

오늘날 글로벌 초일류 기업으로 대한민국을 전 세계에 알리는 데 큰 공헌을 한 삼성이 있기까지 수많은 임직원들의 치열한 고민과 밤낮없는 노력이 있었지만 그러한 초일류 기업의 발판은 살아 있는 데이터를 수집하고 정보화하는 것을 중시했던 삼성 이건희 회장의 경영법칙을 통해 살펴 볼 수 있습니다.

이건희 회장은 자신의 에세이 『생각 좀 하며 세상을 보자』에서 '끈기 있게 생(生)데이터를 모아야 합니다. 그것이 중요한 것인지 아닌지는 훗날 판명되며 역사의 차이는 곧 기록의 차이입니다. 데이터, 경험, 역사는 돈 주고도 못사는 것입니다.'라고 말했습니다. 지금 거의 모든 기업에서 데이터 경영(Data driven decision making)을 강조하고 디지털 전환(Digital Transformation, 이하

DT)을 위해 외부 인재를 영입하고 내부 자원을 투입하고 업무와 일하는 방식의 혁신을 추구하고 있는 것을 보면 이건희 회장의 본질을 꿰뚫어 보는 선견지명에 감탄을 금할 수 없습니다.

신용카드업은 금융업의 일종이지만 사실 데이터로 시작해 데이터로 끝난다고 할 만큼 금융공학적 마인드가 필요한 비즈니스입니다. 즉, 데이터 리터러시(Data literacy)가 필요합니다. 데이터 리터러시는 데이터를 이해하고 사용하는 능력으로 데이터를 수집, 분석, 해석하고 적용하는 데 필요한 기술과 지식이 요구됩니다. 이렇게만 보면 데이터 리터러시가 업종을 불문하고 다 필요한 것이라는 생각이 들 수 있습니다. 신용카드 비즈니스 모델을 살펴 보면 회원 또는 가맹점 모집, 신용카드 제작 및 발급, 신용카드 승인한도 부여 등 일련의 과정에서 데이터 기반 의사결정이 요구됩니다. 즉, 카드 사용자(회원) 및 거래 상대방(가맹점)의 신용도에 대한 명확한 판단과 통계적 예측에 기반해 생성된 금융통계 모델에 따라 결정되어 운영되고 있습니다.

다만, 오늘날 금융결제 및 전산망이 견고해질 때까지 뼈 아픈 과거의 반성이 있었습니다. 1998년 IMF 구제금융에 이어 한국은 노동, 산업 전반의 다양한 개혁과제 요구에 직면했습니다. 당시 정부는 대부분 수용했고 산업 전반의 급격한 구조조정에 이어 냉각된 소비 심리, 침체된 경기를 부양하기 위해 신용카드 활성화 정책을 시행하게 되었습니다. 필자가 대학에 다닐 무렵이었습니다. 대학 정문 앞에서 파라솔을 펴놓고 카드 회원모집 영업을 하는 모습을 심심찮게 볼 수 있었고 얼마 지나지 않아 교내 화장실 벽이나 길거리 전봇대는 대학생 대출 홍보 스티커로 도배되다시피 했습니다. 그로부터 얼마 후 한국 사회는 신용카드 사태(2003년)를 직면했습니다. 금융감독원에 따르면 1997년 IMF 사태 당시 약 190만 명이던 신용불량자는 2004년 380만 명대로 불어났습니다. 2003년 카드 대란은 신용카드사 자산 건전성 관리가 매우 중요하다는 것을 인식시켜준 사건이었습니다. 결국 카드사들은 부도 위험에 처했고 은행계 카드사는 대체로 모기업 은행에 흡수 합병되고 일부 카드사는 매각되거나 생존을 위해 소속 그룹의 자금력을 빌려 경영 효율화 등 자구책을 마련해야 했습니다.

신용카드업은 경기가 급속도로 나빠지면 유동성 위험도가 올라가고 회원의 연체율이 급등하고 현금서비스 이용 빈도가 증가하는 등 사전에 여러 시그널을 보이게 됩니다. 그래서 치밀한 분석을 통해 위험을 사전에 포착해 대비할 필요성이 커졌습니다. 즉, 개인 및 가맹점 등 거래 상대방의 채무불이행이나 계약불이행 등으로 인해 채권 원리금을 회수하지 못하는 데 따른 손실이 발생할 가능성을 말하는 신용위험에 대한 관리가 중요한 것입니다. 그래서 신용카드사에는 통계 전공자가 많고 통계 전공자가 아니더라도 통계분석 프로그램을 사용하거나 데이터 분석 결과를 해석하는 역량을 갖춘 인력이 다수 포진해 있습니다. 명확한 신용 분석과 치밀하게 세분화된 고객 분석, 차별화된 마케팅 기법 등 모든 영역에서 고도화되는 배경에는 이러한 역사적 배경과 교훈이 있어 가능해졌다고 봅니다.

3.3 문제는 데이터야, 바보야!

카드업을 필두로 금융업계에서 데이터 리터러시는 마케팅, 리스크관리, 금융투자, 경영관리 부서에만 국한된 문제는 아닙니다. 숫자와 다소 멀게 느껴지는 인사부서에도 데이터적 사고를 요구합니다. 예를 들어, 특정 직무에 대한 업무, 역할, 책임, 요구사항 등을 체계적으로 분석하는 직무분석에서도 더 체계적인 방식이 필요합니다.

마케팅팀 김 대리의 일상을 들여다 봅시다. 김 대리는 마케팅 기획 파트에서 고객 맞춤형 상위 상품 제안(이하 UP-SELL) 마케팅 기획 및 운영을 담당하고 있습니다. UP-SELL은 고객에게 현재 구매하고 있는 상품이나 서비스에 추가로 더 좋은 고가의 제품이나 부가서비스를 제안해 구매를 유도하는 마케팅 전략입니다. 즉, 고객에게 더 큰 가치를 제공하고 수익을 극대화하기 위해 사용되는 기법입니다. 마케팅 기획 및 운영 직무를 수행하는 김 대리는 본인의 하루 일과를 다음과 같이 정리합니다.

시간	과업	산출물(결과)
09:00 ~ 10:00	파트 업무 미팅	업무 스케줄 업데이트
10:00 ~ 11:00	고객/매출 데이터 분석	데이터 세트, 분석결과
11:00 ~ 11:30	영업부서 미팅	현장 의견 수렴
11:30 ~ 12:00	시스템 작업	신규 코드 생성, 등록 등
13:00 ~ 14:00	협력사 제휴 미팅	동향 조사, 리서치
15:00 ~ 17:00	기획안 작성	보고서
17:00 ~ 18:00	계약서 법무검토/날인 또는 수수료 정산	전자결재, 전표상신 등

김 대리의 직무는 마케팅 기획인데 하루 8시간 중 기획업무에 집중하는 시간은 2시간에 불과합니다. 사실 현업부서나 협력업체 미팅도 기획업무 수행에 중요한 측면이 있다는 점을 감안하면 하루의 10%(1시간 내외)는 시스템 관리 또는 제휴 계약을 위한 부대 업무(계약서 관리, 제휴비용 정산 등)를 수행해야 합니다. 물론 전통적으로 부서의 사원·대리급이 주로 수행하는 업무이겠지만 회사에서 받는 연봉 등 처우수준을 감안하면 직무가치에 맞는 과업인지 의문이 드는 부분입니다. 비단 단 1명의 과업분석을 해봐도 이 정도로 비효율적인 부분이 있는데 1천 명의 과업을 분석하면 어떨지 생각해보면 체계적인 직무분석을 통한 업무 부여로 조직의 생산성을 높일 수 있는 근거가 될 것이라고 봅니다.

회사의 인력 생산성 측면이라는 거창한 담론을 제기하는 것은 아닙니다. 작게는 파트, 팀 단위 리더나 사업부 단위의 리더라면 직제상 상위 조직의 리더의 업무지시에 즉, 각 반응해 업무를 처리해내는 능력도 중요하겠지만 본인의 관리범위에 속한 부하직원의 하루 일상도 관심을 갖고 살펴볼 필요가 있습니다.

예전에 존경했던 인사임원이 매일 퇴근 무렵 사무실 곳곳을 돌아다니면서 퇴근시간이 되었는데도 앉아 있는 직원들에게 다음과 같이 물었습니다. "지금 무슨 일을 하느라 아직 퇴근을 못하는 건가요?" 대부분 이런 질문을 들으면 크게 3가지 유형으로 대답하게 됩니다. 첫 번째 유형은 업무 욕심이 많은 사람일수록 본인이 맡은 일의 중요성을 드러내기 위해 하고 있는 일을 장황하게 설명하거나 리더의 의사결정이 필요한 이슈나 업무를 간략히 보고하고 리더의 의중을 파악해 업무 방향성에 반영하는 기회로 삼는 사람입니다.

두 번째 유형은 뭔가 하루 종일 바쁘게 일했는데 뚜렷이 본인이 무슨 일을 하는지 말하기 애매한 업무를 하고 있어 답변하기 어려운 사람입니다. 세 번째 유형은 주변 사람들이 남아 있어 어쩔 수 없이 눈치보면서 남아 야근하거나 지금 당장은 하는 일이 없지만 다른 사람과 협업이 필요한 일이어서 퇴근하지 못하는 사람입니다. 그때 임원은 팀장을 불러 그의 면전에서 다음과 같이 말했습니다. "업무량이 정말 많아 퇴근을 못하는 거라면 팀장이 업무배분을 잘못한 것이고 업무량이 야근할 정도로 많지는 않은데 퇴근을 못하는 거라면 업무시간에 집중하지 못하는 요인이 있으니 일하는 방식을 바꿔야 할 수도 있고 개인의 역량 수준이 맡은 업무를 처리하는 데 미흡해 늦을 수도 있다. 팀장이 이런 점을 잘 챙겨봐야 된다."라고 오히려 팀장에게 조직관리나 부하 육성을 더 잘해줄 것을 당부했습니다. 그렇습니다. 리더는 숲을 보는 안목도 중요하지만 나무를 보는 디테일한 능력도 요구됩니다. 다만, 이 모든 과정이 리더의 경험과 직감에 의한 것이 아니라 더 객관화된 수치에 입각해 이루어지는 것이 중요하다는 점입니다. 위의 김 대리 예와 같이 부서 내 업무 비효율이 있다면 데이터적으로 측정해보고 줄일 방법을 찾아 업무 프로세스를 바꾸는 노력을 해야 하고 단순 반복적인 업무가 반드시 필요하다면 그런 직무가치의 수준을 고려한 적합한 인원을 채용해 업무를 부여해 주는 것이 통합적 관점에서 오히려 효과적인 인력운영이라고 볼 수 있습니다.

3.4 금융업의 HR 트랜스포메이션

예기치 못한 코로나19(2019년 시작된 세계적으로 번진 전염병)로 인해 디지털화 및 원격근무가 증가해 온라인 업무 방식의 증가를 가속화했습니다. IT 및 통신기술 산업은 더 중요해졌고 온라인 플랫폼 및 도구에 대한 수요가 급증했습니다. 소비산업도 오프라인 중심에서 온라인으로 전환이 빨라졌고 소비자들은 안전하게 상품을 구매하고 집에서 편하게 배송받아 소비하려는 욕구가 강해졌습니다. 여행 등 레저산업도 여행 유튜버 등 온라인을 통한 대체소비로 전환되는 경향을 보였으며 건강에 대한 높은 관심도를 반영하듯 바이오테크놀로지 등 헬스케어 산업이 각광받게 되었습니다. 이에 일하는 방식도 온라인 중심으로 빠르게 변모하고 있습니다. 상시 원격근무를 위한 디지털 근무환경이 구축되면서 비대면 화상회의가 익숙해지고 비대면 회식 등 거리두기 문화 속에서도 타인과 연결되고 싶어 하는 심리로 인해 온라인에서의 관계맺음이 중요해졌습니다. 그 덕분에 메타버스 채용 설명회, 원격회식, 재택회식 등 예전과는 다른 사내문화가 스타트업이나 ICT(정보기술(IT)과 통신기술(CT)을 결합해 디지털 기술로 서비스를 창출)기업을 중심으로 유행하면서 산업 전반에 많은 변화를 일으켰고 새로운 시장과 일자리를 만들게 되었습니다. 3~4년 동안 코로나19를 겪으면서 현재는 엔데믹 상황이지만 그동안 온라인으로만 학습을 하고 교우관계를 맺어왔던 학생들이 최근 회사에 취업하면서 사내 조직문화에도 큰 영향을 미치고 있습니다. 1980년대 민주화를 거쳐온 임원들부터 1997년 IMF 시대에 취업했던 팀장급, 스마트폰이 보급되었던 2000년 이후 출생해 10대 청소년기에 안타까운 세월호 사고의 아픔을 극복하고 캠퍼스의 낭만을 온라인에서 경험했던 세대가 산업 현장에 와 문화적 충격을 경험하고 있는 것입니다.

매년 미국에서는 165개국 이상에서 30여만 명의 회원을 대표하는 세계 최대 HR 전문 학회(SHRM: Society for Human Resource Management)가 열리는데 지난 2022년의 캐치프레이즈는 '영향을 일으키다(Cause the effect)'였습니다. 이는 인사관리자가 비즈니스 파트너로서 새로운 일터를 구축하고 미래를 위한 변화를 가능하게 하자는 의미입니다. 코로나19가 4차산업혁명을 앞당기고 일하는 방식, 업무장소, 업무 특성을 바꿔놓은 상황에서 변화 촉진자로서의 인사담당자 역할을 강조한 것입니다. 2023년 SHRM(전략적 인적자원관리 - Strategic Human Resource Management - 회사의 목표와 사람 관리를 연결하는 전략)에서는 '변화를 위한 추진력(Drive For Change)'를 강조했고 조직 성장의 심장(Heart)으로서 사람(People), 문화(Culture), 사업(Business)의 전문가가 되어야 함을 강조했습니다.

최근 몇 년간 HR(Human Resources, 채용, 교육, 평가, 보상, 조직문화 등 사람을 관리하는 일) 분야의 화두는 DT였습니다. 업무 수단 및 인프라 환경에 대한 디지털화(Digitization)가 1단계였다면 단순히 기술 도입 이외에 기술을 사용하는 사람들과 조직의 변화를 추구하는 단계로 확대되고 있습니다.

IT(Information Technology, 정보를 다루는 컴퓨터 기술, 이하 IT)기술의 변화 속도가 다른 산업보다 다소 빠른 금융업에서 다양한 시도가 이루어졌습니다. 장시간 근로에 대한 사회적 문제를 해결하기 위해 국내 최초로 2009년부터 'PC오프제(정해진 시간이 되면 컴퓨터 전원을 자동으로 끄는 제도. 이하 PC-Off제)'를 도입한 기업은행의 사례를 보면 지금 근무문화에서는 생소할 수 있지만 오후 7시 '칼퇴근'을 유도하기 위해 PC를 강제로 끄고 야근이 필요한 사람은 지점장의 사전결재를 받도록 한 것이 핵심이었으며 퇴근 시간이 강제로 정해져 있다 보니 불필요한 보고서나 회의가 줄고 직원들의 생산성은 물론 만족도도 향상되었습니다. 이후 신문이나 방송을 통해 그 사례가 알려지면서 삼성 등 주요 기업이 PC-Off제를 도입하게 되었습니다. 디지털 기기를 통한 일하는 방식 변화의 시작인 것입니다. 은행권에서 가장 먼저 AI(Artificial Intelligence의 줄임말, 인공지능)면접을 채용과정에 도입한 국민은행 사례도 의미 있는 DT 시도로 인식됩니다. AI 채용과정은 채용 프로세스 운영 과정상의 효율 개선 측면도 장점이지만 평가자의 자의적 해석이나 판단을 최소화해 채용 공정성 측면에서도 긍정적인 면이 있어 최근 서류심사, 면접심사 등 채용 전반에 활용 가능하도록 기능이 많이 개선되어 많은 기업에서 도입하는 추세입니다. 채용 이외에 더 나아가 AI를 내부 직원들의 인사배치에도 활용하는 사례도 증가하고 있습니다. 이처럼 디지털 기술이 인사업무 자체에 영향을 미치고 일하는 방식도 바꾸고 나아가 직장인들의 근무문화에도 큰 변화를 가져 오고 있습니다.

리테일 비즈니스

3.5 리테일 비즈니스의 성장 과정

리테일 비즈니스는 제품이나 서비스를 최종 소비자에게 직접 판매하는 산업으로 대형 백화점, 할인점, 전문 매장, 다크 스토어, 온라인 쇼핑몰, TV 홈쇼핑 등 다양한 포맷(형태)의 소매점을 포함합니다.

리테일 소매업은 다른 산업과 달리 소비자에게 직접 서비스를 제공하고 제품을 판매하므로 고객과의 직접적인 상호작용이 중요하며 오프라인 소매업의 경우, 고객 서비스 품질, 매장 분위기, 상품 진열 등 다양한 부분에서 소비자 경험에 영향을 미치는 부분이 있습니다. 온라인 쇼핑몰의 경우, 소비자가 구매하고 싶어 하는 상품을 검색하고 장바구니에 담고 실제로 결제하기까지 모든 과정이 직관적으로 이해되어 편리하게 소비할 수 있는 UI/UX(사용자 인터페이스/UX: User Experience → 사용자 경험) 측면이 중요합니다. 판매 채널이 TV·모바일 라이브 채널이라면 소비자의 소비 욕구를 높일 수 있는 상품 소개와 시간대별 상품 편성표 구성이 중요합니다. 유통업이어서 당연한 부분인 상품의 구색과 재고관리, 물류체계도 중요하지만 코로나19 이후 온라인 소비가 유행하면서 고객 데이터를 활용해 구매 패턴과 행동을 추적하고 분석해 개인화된 서비스를 제공하는 것이 고객 충성도 제고 및 매출 증대의 큰 요인이 되고 있습니다. 최근에는 유통회사의 수익성 개선을 위해 각 리테일 업체들이 소유하고 있는 디지털 광고 서비스를 확대하는 추세로 고객들에게는 업계 최저가 상품을 공급하기 위해 온라인 트래픽 등 높은 월간 활동 사용자수(MAU: Monthly Active Users)에 기반해 온라인 내 광고수주 수익을 높이는 활동을 하고 있습니다.

수많은 상품과 서비스를 제공하는 리테일에서는 다양한 경쟁자와 소비자가 각 리테일 기업이 갖고 있는 플랫폼에서 거래가 이루어지는데 소비자 경험을 높이기 위한 고객 서비스가 중요하며 불만족스러운 경험을 가진 소비자는 타사의 상품과 서비스로 이용 습관을 바꾸는 것이 쉬운 비즈니스적 한계를 갖고 있어 소비자 경험을 높이는 경영 전략이 중요합니다. 또한, 오프라인 유통업의 경우, 매장 운영이 중요해 효과적인 현장 관리 능력과 일상적인 운영에 대한 이해가 필요하며 TV홈쇼핑 커머스는 제한된 편성시간 안에 최대한 소비가 일어날 수 있도록 주력 상품의 구성, 짧은 시간 안에 소비자가 구매 버튼까지 누를 수 있도록 매력적인 콘텐츠 제작이 중요한 만큼 그 콘텐츠 제작과 송출과 관련된 MD(Merchandiser, 상품 기획자), PD(Produce Developer, 상품 개발자), 카메라 감독 및 제작인력, 쇼호스트 등 관계자 간의 협업을 높이려는 노력이 중요합니다. 즉, 리테일 커머스 판매채널별 속성에 따라 업무 유형, 일하는 방식, 조직문화, 조직관리 방식에 차이가 있습니다.

3.6 소비자의 눈높이에 맞춘 사업운영

최근 유통업계 마케팅 기법은 새로움을 추구하고 있습니다. 기업 홍보에 이미지를 최대한 줄이는 소위 '숨김 마케팅'이 업계에서 확산되고 있습니다. 기업명이나 기업 색채 대신 귀여운 캐릭터와 인스타그램 등 SNS에 바이럴될 수 있는 형태로 변화하는 것입니다. 지난 2022년 4월 석촌호수 근처 15m 높이의 핑크색 '벨리곰'이 그것입니다. 지난 2018년부터 유튜브 채널명 '벨리곰TV'로 활동하면서 곰 인형처럼 가만히 서 있거나 누워있다가 지나가는 행인을 놀라게 하는 영상 콘텐츠로 인기를 모으고 있습니다. 현재는 구독자가 60만 명에 육박하는 콘텐츠로 성장했습니다. 유튜브 콘텐츠로 유명세를 가진 '벨리곰'이 벚꽃 명소로 매년 수많은 인파가 몰리는 잠실 석촌호수(롯데타워 옆)에 대형 사이즈로 커져 나타난 것입니다. 그 기간 동안 300만 명이 넘는 방문객이 찾아 올 정도로 SNS를 뜨겁게 달군 것입니다. 인스타그램이나 틱톡을 통해 본인의 선호와 멋짐을 표현하고 싶은 MZ(밀레니얼 세대+Z세대, 1980년대부터 2010년대 초반에 태어난 젊은 세대)세대가 좋아할 만한 좋은 피사체로 '벨리곰'이야말로 롯데타워를 배경으로 기업 이미지, 브랜딩 차원에서 소위 가성비가 좋은 아이템인 것입니다.

유통업의 본질은 철저히 '소비자의, 소비자에 의한, 소비자를 위한' 업(業)입니다. 편의점의 주요 고객은 전통적으로 30대 이하 젊은 세대입니다. 동네마다 편의점이 대부분 2~3개는 있어 쉽게 접할 수 있어 편한 측면이 있기 때문입니다. 다만, 고령층으로 갈수록 마트나 시장보다 물건이 다소 비싸다는 인식이 있어 장년층 이상으로 가면 구매빈도가 낮은 경향이 있습니다.

오픈서베이에서 분석한 〈편의점 트렌드 리포트 2022〉에 따르면 국내 편의점 사용자는 평균 주 2.7회 방문하고 1회 평균 약 7,500원을 지출하며 남성과 10대·30대의 이용빈도가 소폭 높은 편이고 50대는 이용빈도가 낮게 나타났다고 합니다. 소위 MZ세대(1980년 이후 출생) 소비자를 위한 상품과 서비스 기획을 위해 다양한 시도를 하고 있습니다.

대표적인 사례가 바로 GS리테일의 '갓생기획'입니다. 갓생기획 중 '갓생'은 '갓(god)'과 '생(生)'이 합쳐진 신조어로 매일 열심히 살아가는 MZ세대의 삶을 뜻하는데 MZ직원들이 본인과 비슷한 취향과 고민을 가진 MZ고객과 소통하고 공감할 수 있는 상품 서비스를 기획하는 프로젝트로 시작했습니다. 즉, MZ직원들이 중심이 되어 'MZ의, MZ에 의한, MZ를 위한' 기획을 하겠다는 의지가 담긴 MZ세대 공략법입니다.

지난 2022년 서울 성수동에 선보였던 '갓생기획 팝업스토어'는 수십만 명이 방문할 정도로 인기였는데 GS리테일에서 만든 공간이라고 인식하기는 어려웠다고 합니다. 그 공간에서는 가상인물인 'Z세대 직장인 김네넵'의 세계관이 반영된 '디자이너의 작업실'로 구현해놓고 GS리테일 갓생기획팀이 하는 일을 모니터와 아이디어 노트를 통해 은근히 흘렸고 각종 다과가 있는 탕비실에는 그동안 만들었던 협업 제품을 진열했을 뿐입니다. 그 외 GS25(GS리테일 편의점사업)의 팝업스토어 '도어투성수' 역시 GS25의 고유 색상인 파란색은 없고 로고도 '도어투성수' 오른쪽 밑에 작게 적혀 있습니다. 멋진 카페가 즐비한 성수동에 맞게 편의점 특유의 느낌은 없고 새로 생긴 카페 같은 이미지로 고객들의 눈길을 끌었습니다.

최근 기사를 보면 MZ세대들의 편의점 이용빈도가 줄고 있다고 합니다. 편의점 업계에서 핵심고객이 줄어든다는 것은 기업을 운영하는 입장에서는 새로운 방식의 마케팅과 조직운영 방식이 필요하다는 인식의 전환을 가속화시켰다고 볼 수 있습니다. 이에 지난 2022년 하반기 공채부터 GS리테일은 1980년~2000년대 초반에 출생한 입사 4~7년차 사원·대리급 직원들로 구성된 'MZ세대 면접관'을 선발해 1차 실무 면접에 참여해 함께 일하고 싶은 동료를 직접 발굴하는 취지로 전격 도입했고 MZ세대의 놀이터인 메타버스 공간을 활용한 채용 설명회를 기획하는 등 MZ세대 인재 발굴을 위한 채용 프로세스 변화를 추진했습니다. '갓생기획', 'MZ면접관' 등 MZ세대에게 공감하고 재미(Fun)를 주는 브랜드로 GS25가 가진 아이덴티티(Identity)를 상품 및 디자인 패키지 기획에 반영했고 전통적인 오프라인 유통 기업에서 차별화된 시도를 했다고 생각됩니다.

3.7 지속 가능한 성장은 내부 고객으로부터 시작된다

수많은 기업의 경영진에게 직면한 문제를 돌파할 실마리를 주는 세계적인 경영사상가인 피터 드러커는 여러 저서에서 '기업은 결국 사람이다'라고 주장하고 있습니다. 삼성그룹의 경영철학은 사업보국, 합리추구, 인재제일입니다. 이건희 회장은 2003년 '제2의 신경영' 선언 당시 인재경영에 대해 다음과 같이 말했습니다. '총칼이 아닌 사람의 머리로 싸우는 두뇌전쟁 시대에는 결국 뛰어난 인재, 창조적인 인재가 국가 경쟁력을 좌우하게 됩니다. 천재와 우수 인재를 많이 보유한 국가나 기업이 경쟁에서 이긴다는 것이 나의 신념입니다.' 또한, 삼성인이라면 누구나 아는 키워드 5가지가 있습니다. 바로 인재제일(人材第一), 변화선도(變化先渡), 최고지향(最高指向), 정도경영(正道經營), 상생추구(相生追求)입니다. 삼성그룹에 입사하면 반드시 외우게 되고 신입사원 연수과정에서 연극, 응원가, 팀 구호 등 다양한 방식으로 내재화하고 현업에 배치되어 업무를 하면서도 수시로 유념하면서 자기성찰을 하게 됩니다. 소위 '푸른 피'가 흐른다는 것이 이러한 과정을 거치면서 탈바꿈되는 것입니다. 경영철학이나 핵심가치에서 공통분모는 바로 '인재제일'입니다. 삼성의 성공에는 '인재제일'의 가치를 실현하기 위한 특유의 인사제도, 조직구조, 조직문화, 리더십 등 다양한 요소들의 복합적인 메커니즘이 있습니다.

어느 기업이나 핵심인재 영입이나 내부 인재 육성에 관심을 갖지만 그룹마다 고유의 색채가 조금씩 다릅니다. 삼성그룹이 최고지향 관점에서 핵심인재를 통한 성장 동력의 지속적인 강화를 추구했다면 GS그룹은 창의적인 조직문화와 조직간 격의 없는 소통과 협업 시너지를 강조하는 측면이 있습니다. 2019년 언론 인터뷰에 따르면 허창수 회장은 '개방성과 유연성을 겸비한 창의적 조직문화가 기반이 되어야만 조직간 시너지를 창출하고 지속 성장이 가능하다. 낡은 사고와 행동 패턴을 창조적으로 파괴하고 유연한 조직문화를 정착시키기 위해서는 다양한 의견을 경청하고 여러 이해관계자와 소통하는 데서 출발한다.'라고 강조했으며 '지속 성장을 고민하는 우리가 놓치지 말아야 할 것은 미래를 이끌어 갈 사람을 육성하는 것'이라고 강조하며 '인재가 모여드는 선순환의 조직문화를 만들어가기 위해 리더들이 앞장서 구성원과 더 많이 소통하고 조직에 활력을 불어넣어 줄 것'을 당부했습니다.

이에 GS홈쇼핑은 다양한 고객들의 눈높이를 감안해 복합적인 서비스와 고객 만족을 위해 부서 간 협업과 직원들의 창의성을 강조했습니다. 본사 사옥도 직원 간 수시로 소통할 수 있도록 층간 이동계단을 건물 한가운데 배치해 모든 층이 연결됨을 강조했고 탕비실을 보통 기업들처럼 벽면이나 사각지대에 배치하지 않고 사무공간 한가운데 배치해 누구든지 오가며 소통할 수 있는 오픈형 사무실로 구성했습니다. 책상도 지그재그 배치하고 칸막이를 없애 협업하기 쉽고 각 층별로 도서관, 게임룸, 피트니스, 루프탑과 연결되는 사내식당 등 다양한 커뮤니티 공간으로 구성해 다양한 부서의 사람이 쉽게 만나고 모여 대화할 수 있도록 근무 환경도 개선했습니다. 실제로 내부 직원들간 메신저로 대화하기보다 직접 찾아가 대화하기 편하게 공간이 꾸며져 업무 성과에도 도움이 되는 측면이 있습니다.

이러한 물리적 공간이 주는 조직문화 혁신과 더불어 임직원 교육과정도 회사 주도의 일방향(one way)이 아닌 직원 주도의 다양성을 강조하는 과정으로 설계되어 운영되고 있습니다. 예를 들어, 직원들끼리 자발적으로 모여 맞춤형 교육을 받을 수 있는 '뭉치면 클래스가 열린다(이하 뭉클)' 프로그램이 그것입니다. '뭉클'에서는 직원 5명만 모이면 원하는 교육을 진행할 수 있습니다. 교육받고 싶은 주제가 생각나면 함께하고 싶은 동료를 모으면 되고 반대로 본인이 강사 역할을 할 수도 있습니다. 뭉클 프로그램은 디지털장비로 그림 그리기, 플라워 클래스, 저자와의 만남 등 일반 기업에서 상상하기 어려운 강좌들을 누구나 개설해 운영할 수 있고 이용하는 직원 수도 많고 만족도도 높은 과정입니다. 바로 창의적이고 유연하게 일할 수 있도록 업무 환경과 조직문화를 바꿔가려는 노력의 일환입니다. 그리고 전통적인 기존 팀 단위에서 벗어나 프로젝트에 따라 함께 일하는 사람과 장소가 수시로 달라지는 유연한 조직인 스크럼(Scrum)이 필요에 따라 만들어지고 운영되고 있습니다. 특히 오픈랩(Open-lab)과 GIC(GS SHOP Innovation Center)는 회사 내부와 외부를 연결하고 팀과 팀들을 융합해 혁신을 만드는 공간으로 성장하고 있고 해커톤 등 다양한 사내 협업 프로젝트를 진행하면서 직원들의 독창적인 아이디어를 혁신활동으로 발전시키며 지속 가능한 성장을 위한 동력으로 삼고 있습니다.

회사는 성장이 목적인 집단입니다. 남들보다 단 1초라도 늦으면 시장을 선도할 수 없습니다. 외부와의 치열한 경쟁과 변화하는 시장의 소리를 듣지 못하고 내부 자원의 역량을 최대치로 끌어올리지 못하는 조직은 언젠가는 시장에서 도태될 수밖에 없습니다. 회사를 사람에 비유하면 사람의 심장(Heart)이 곧 사람이고 온 몸에 흐르는 정맥과 동맥은 내부 직원들의 소통과 협업의 과정입니다. 기업이 처한 환경이 산업별로 다양해 리더십에는 여러 방식과 목적이 있어 정답은 없을 겁니다. 다만, 조직관리에서 간과하지 말아야 할 중요한 원칙(Principle)은 조직관리를 하는 목적은 '지속적으로 성장하는 회사를 만들기 위한 동력관리', 즉, 내부 직원들이 서로 반목하지 않고 시너지를 낸 회사를 지속 가능하게 만드는 것이 현재 각 기업이 처한 불확실한 경영환경을 대비해 소비자로부터 계속 사랑받는 기업으로 브랜딩하는 '단 하나의 방법(One best way)'입니다.

스타트업 팀장의
생존과 성장 전략

4

"누가 스타트업의 팀장이 될 상인가?"

스타트업은 이제 우리에게 익숙한 단어가 되었습니다. 하지만 가만히 생각해보면 그 역사는 오래되지 않았습니다. 2010년대 초반까지 스타트업이라는 단어는 매우 생소했고 주로 경제뉴스에서 접할 수 있었습니다. 그렇다면 언제 이렇게 친숙한 존재가 되었을까요?

우선 해외 빅테크 기업들의 글로벌 영향력이 있었습니다. 알파벳(구글), 페이스북을 필두로 한 FAANG 시대를 거쳐 마이크로소프트, 애플, 테슬라 등이 중심인 MANTA 시대를 맞이한 지도 오래되었습니다. 테크회사로 시작한 이 회사들이 초거대기업이 되는 과정을 우리는 눈으로 보고 직접 체감해 왔습니다. 구글은 우리 직장생활에서, 넷플릭스는 우리 여가생활에서 매우 깊은 영향을 미치고 있습니다.

국내로 눈을 돌려보면 배달의 민족의 성공으로 촉발된 스타트업 열풍이 한몫했습니다. 배달 전단지를 하나의 플랫폼에 모으는 사업으로 시작한 배달 비즈니스는 몇 년이 지나자 결국 상장되었고 결국 40억 달러(4조 3,588억 원)에 매각되었습니다. 배달의 민족의 성장과 매각은 우리 모두의 뇌리 속에 깊이 각인되었습니다.

한편, 국가의 지원도 계속 진행 중입니다. 2010년도 중반부터는 새로 창업하려는 창업가에 대한 지원이 정부 주관으로 지속적으로 확대되었습니다. 요즘은 좋은 아이디어만 있으면 누구나 쉽게 사업으로 발전시켜볼 수 있는 환경에서 비즈니스를 만들고 있습니다.

"누구나 만들 수 있고 쉽게 일해볼 기회를 갖게 된 스타트업"

그렇다면 스타트업 업계에서는 어떤 사람들이 일하고 있을까요? 스타트업으로는 누가 어떤 방식과 생각으로 합류해 일할까요? 리더십에 대한 이야기와 맞물려 스타트업에서 일하고 있는 팀장들을 살펴보겠습니다.

4.1 스타트업은 처음이에요

지금부터 이야기해볼 팀장들은 스타트업에 합류하기 전 이미 회사생활 경험이 있었던 대상들입니다. 최소 3년, 많으면 15년 정도의 경력입니다. 이들의 경우, 사회생활 시작 시점에서는 스타트업에서 일하게 될 것이라는 생각을 쉽게 하지는 못했을 겁니다. 왜냐하면 대부분의 직장인들은 자신들의 커리어 중반 이후 시점을 생각할 때 업사이드의 환경을 꿈꾸며 살아가기 때문입니다. 이 말은 스타트업이 더 부족하다는 의미는 아닙니다. 규모가 더 큰 회사, 이름이 더 알려진 회사와 같이 외형적으로 발전한 곳으로 옮겨가는 것을 목표로 하는 경우도 많기 때문입니다. 그리고 몇 년 전만 하더라도 스타트업이라는 개념 자체가 친숙하지 않았고 지금과 같이 그 시장이 별로 매력적이지도 않았습니다.

그렇다면 이들은 과연 어떤 생각과 니즈를 가지고 스타트업계에 들어오게 된 것일까요?

스타트업에서 커리어를 시작하지 않은 대상들이어서 물론 경력자로 이직했을 텐데… 이직 시점에서 스타트업과의 인연은 어떻게 만들어졌을까요?

1) 3~6년차 중간경력 레벨의 이직

이들이 스타트업계로 이직하면 보통 미들급 레벨로 입사하게 됩니다. 또한, 한 분야에서 경쟁력있게 경험과 역량을 깊게 만들었다면 중간관리자인 팀장으로 이직할 수도 있습니다.

물론 팀장을 맡는 경우는 흔치 않습니다. 직무적으로는 마케팅 직무(퍼포먼스, 온사이트, 브랜드)나 최근 각광받는 프로덕트 관련 직무(Product design, Product management)가 해당할 수 있습니다. 이와 같은 분야에서는 5년 이상 일을 심도있게 제대로 배우고 수행했다면 직책자로의 이직이 종종 가능하기도 합니다.

초기 스타트업의 필수적인 비즈니스에 대한 이야기를 해보자면 그 영역은 별로 많지는 않습니다. 일단 판매할 제품이 있어야 하고 그것을 고객들에게 알리는 영업·마케팅, 그리고 아직 완전하지 않은 제품이므로 고객의 리뷰에 반응하고 대응하는 CS 분야가 핵심적입니다. 따라서 이러한 필수적인 직무 영역과 관련된 스타트업의 초기 비즈니스를 담당하는 포지션은 비교적 많이 오픈되고 있습니다. 그 분야에서 경쟁력 있는 경험을 쌓았다면 매우 길지 않은 경력으로 팀장으로의 이직을 충분히 시도할 수 있습니다.

팀장 포지션을 포함해 그 연차에서 스타트업으로의 이직 동인은 크게 2가지로 볼 수 있습니다.

먼저 당연한 이야기겠지만 이들의 회사생활 근속 대비 이직할 타이밍이 되었을 수 있습니다. 한 곳에서 일하다보면 연차가 쌓일수록 여러 가지 생각이 듭니다. 연봉 인상의 한계, 커리어 성장의 아쉬움, 조직문화의 답답함 등을 마주하게 됩니다. 그래서 2년이 지나 3년 이상부터는 이직 쪽으로 더 크게 눈을 돌릴 수 있습니다.

현재는 회사 외부환경 측면에서 경기침체, 국제정세 등 여러 가지 이슈가 있어 스타트업의 IPO가 마냥 쉽지는 않게 되었습니다. 이렇게 되면서 스타트업에서 제공할 수 있는 보상 무기 중 하나인 스톡옵션의 매력도가 다소 약해졌지만 몇 년 전만 하더라도 스톡옵션 대박 신화 사례들이 언론에 많이 알려졌습니다. 우리나라 대기업 중 IT계열(카카오, 네이버)과 바이오 회사 등에서 스톡옵션과 주식행사로 인한 차익실현에 대한 전 국민적 관심이 있었고 구직자들도 그 영향을 받아 본인들의 이직 타이밍에 맞추어 스톡옵션 행사 기회가 있는 스타트업을 고려하는 사람들도 많았습니다.

또한, 이렇게 계속 이직을 알아보는 성향인 경우, 불안정하지만 변화가 많고 유연하며 활기찬 스타트업 분위기 자체가 당사자들에게 매력적으로 다가오는 경우도 있습니다.

필자 주변 지인들의 이야기를 들어보면 한 회사를 3~5년 다녀 보니 본인보다 5~10년차 이상 상사들의 모습이 본인들이 꿈꾸는 미래의 모습과 다른 것 같아 옮기게 되었다는 대상들도 꽤 있었습니다. 흔히 회사의 별이라는 임원을 꿈꾸는 직장인들도 임원의 타이트한 스케줄과 무한경쟁의 압박감을 실제로 옆에서 지켜보면 혀를 내두르게 됩니다. 이처럼 현재 일반기업 임원의 역할은 지금의 MZ세대가 추구하는 워크 앤 라이프 방향과는 괴리가 있을 수 있습니다.

모두는 아니겠지만 다수의 MZ들은 안정적이지만 마냥 자유롭지는 않은 회사환경이 앞으로는 본인에게 잘 맞지 않을 것임을 알게 됩니다. 그래서 본인의 직무 경험을 계속 이어나가면서도 숨통을 트고 회사를 다닐 수 있는 스타트업으로도 오게 되는 경우가 생깁니다. 특히 경력과 역량 면에서 증명이 될 경우에는 연봉 수준과 스톡옵션 사이닝 보너스 등의 보상적인 부분에서도 좋은 대우를 받을 수 있습니다.

스타트업 업계는 확실히 정해진 삶을 바라는 인원들보다 불확실성 속에서 뭔가를 해보려는 성향을 가진 대상들이 유입됩니다. 실제로 함께 일하다 보면 변화를 받아들이고 위험을 감수할 수 있는 성향이 있는 사람들이 많습니다.

2) 10~15년차 이상 시니어의 이직

스타트업에 꼭 20~30대 인원만 있는 것은 아닙니다. 40대도 있고 50대 멋진 분들도 많이 있습니다.

보통 10년 이상 경력을 쌓고 이동하는 경우, 한 분야의 수장으로 오는 경우가 있습니다. 특히 임원급으로 오는 경우에는 업무 분야의 영향도 많이 받습니다. 최근 스타트업은 대부분 어플리케이션 기반의 서비스를 제공합니다. 따라서 엔지니어링(개발분야)과 프로덕트(웹, 애플리케이션 연동을 위한 제품 구성)는 스타트업의 비즈니스가 고속 성장하고 외형을 키우기 위해 반드시 준비되어야 할 분야입니다. 그래서 그 분야의 주요 회사들과 빅테크에서의 경력이 수년인 시니어들은 스타트업의 C 레벨로 오기 쉬워집니다.

또 다른 이유로는 각 스타트업들이 실리콘 밸리의 빅테크들을 타겟으로 회사를 운영하기 때문입니다. 현재 20~30대 창업자들은 실리콘 밸리 회사들의 제품을 직접 사용하면서 자랐고 그들의 성공 신화에 매력을 느껴왔습니다. 따라서 그 회사를 넘어서겠다는 목표 의식이 뚜렷합니다. 창업자들은 빅테크 회사에서 실제로 일했던 인원들에 대한 신뢰와 성공경험에 대한 열망이 크기 때문에 주변 인맥들을 통해 평소에도 빈번히 연락하고 인연을 쌓아가다가 스카우트하는 경우도 많습니다.

스타트업에서는 회사조직을 운영하기 위한 주요 개념과 방법들을 평소에도 많이 고민하게 됩니다. 이런 경우에도 구글을 필두로 한 OKR관리 기법, 마크 저커버그와 제프 베이조스의 성장·성공 스토리 등을 책이나 미디어를 통해 수없이 접해옵니다. 그런 회사들의 레퍼런스는 유사한 단계를 통해 성장하고 있는 스타트업에게는 좋은 길잡이가 될 수 있어 그 경험이 이미 있는 경험자를 확보하려는 니즈는 항상 있습니다.

꼭 실리콘 밸리 출신이 아니더라도 국내 회사 경력만 가지고 계신 분들 중에서는 한 분야에 정통한 시니어도 스타트업계로 오는 경우가 꽤 있습니다. 제품운영에 필수적인 역할을 하는 CS나 브랜드 디자인 분야는 고객 경험을 전방위적으로 높일 수 있는 중요한 기능을 합니다. 웬만한 경력과 깊이가 아니면 고객 경험을 성공적으로 확보하는 것이 쉽지 않아 시니어 엑스퍼트의 역할로 깊이있는 노하우들을 새롭고 활기찬 분위기 속에서 발휘하고 적용시켜 보기 위해 이직하는 경우도 있습니다.

4.2 태생 자체가 스타트업

본투비 스타트업… 이들은 스타트업계에 이미 있었던 팀장들입니다. 매우 용기가 있거나 우직하거나 귀찮아 잘 안 움직였거나 어쨌든 현 시대에서는 꽤 훌륭한 선택을 한 결과가 되었습니다. 왜냐하면 우리나라를 움직이는 큰 두 축(정부·기업)이 스타트업의 육성과 성공을 위해 매우 큰 관심을 가지고 계속 힘을 쏟고 있기 때문입니다.

스타트업계에서 계속 일해왔던 팀장들은 그들이 일을 시작했을 때 이렇게까지 시장이 커질 줄 알았을까요? 그들은 어떤 방식으로 이 바닥에 남을 수 있었을까요? 이미 스타트업계에 있던 팀장들은 크게 두 부류가 있습니다.

1) 본투비 스타트업

먼저 회사생활을 스타트업에서 시작한 그룹입니다. 이들은 보통 대학 재학 중에 본인이 창업하거나 주변 친구나 지인의 창업으로 스타트업 극초기에 합류한 인원들입니다. 따라서 연령대가 높지 않습니다. 짧게는 1~2년, 길게는 3~5년 정도 실무 경험을 쌓은 후 스타트업의 스케일업에 맞추어 파트를 맡거나 팀을 운영하게 되었습니다. 나이로 생각해보면 20대 중후반에 팀장 역할을 하는 인원들도 많습니다. 이들의 강점은 명확합니다.

빠르고 시도를 많이 한다. 잘못되면 다시 시작한다. 그리고 모든 것을 자발적으로 한다.

규모가 큰 기업일수록 실패했을 때의 리스크가 크기 때문에 과감한 액션을 취하는 것을 어려워하는 분위기가 있습니다. 하지만 스타트업은 그렇지 않습니다. 일단 규모가 작습니다. 그래서 빠릅니다. A·B 테스트를 통한 가설검증, 끝없는 시행착오를 통해 초기사업을 성장시킵니다. 이러한 과정은 팀장들에게 사업을 성장시키는 성공 경험을 가지게 합니다. 특히 회사가 만들어진 지 3~5년 되었고 직원 수가 계속 늘어난 업체의 주요 팀장들은 대부분 이러한 임팩트 있는 경험이 많습니다.

한편, 이들은 구성원을 리딩하는 팀매니징에서 아쉬운 부분이 있을 수 있습니다. 스타트업은 태생적으로 각 구성원의 리텐션 확보보다 회사 자체의 존속이 더 중요하기 때문입니다. 당연한 말이지만 사업 초기에는 팀원 육성과 케어가 필수적인 것이 아닙니다. 구성원이 살아야 한다기보다 우선 회사가 살아야 합니다. 비즈니스를 키워야 하는 영역에 비해서는 개별 구성원을 케어하는 부분이 덜 강조되었을 수 있습니다. 또한, 팀원이었을 때뿐만 아니라 회사 규모가 커지기 전이어서 경험 영역이 아직 넓지 않습니다. 10명 규모 회사에서의 경험과 50명, 500명 규모 회사에서의 경험은 그 다양함과 깊이가 다를 것이기 때문입니다.

2) 스타트업 성장 초기에 합류한 초기 합류자(early joiner)

커리어 시작을 스타트업으로 시작하지는 않았지만 규모가 큰 기업에서 업무를 1~2년 짧게 익히고 이직을 스타트업으로 매우 빠르게 한 경우입니다. 규모가 큰 회사에서 경력직으로 스타트업으로 이직해 직책자가 되는 사례도 꽤 있었는데 시기적으로는 2010년대 중·후반에 이직한 인원들입니다. 그들 중에는 2~3번째 회사를 스타트업계로 정해 빠른 승진과 큰 직책을 맡아 사회생활을 하고 있는 경우도 많습니다.

당시 이들의 이직 사유로는 이미 다니고 있는 기업의 문화가 별로 매력을 주지 못했기 때문일 수 있습니다. 2010년도 초반까지만 하더라도 수많은 야근과 헌신이 우리나라의 일반적인 기업의 모토였기 때문입니다. 본인이 투여하는 시간과 노력에 비해 승진 속도와 연봉 인상 결과가 별로 매력적으로 다가오지 못했습니다. 2010년도 중반 우아한 형제들과 토스 등 스타트업 시장이 막 커갈 때 이동한 인원들이 초반기에 합류한 대상의 예가 될 수 있겠습니다.

이들이 스타트업으로 움직였을 때는 이미 업계가 활성화되기 이전이어서 보상은 몰라도 직책이나 역할은 상당히 좋은 포지션으로 있었습니다. 보통 아무도 눈길을 주지 않거나 관심이 없는 시점에서 그것을 선점하는 것은 종종 더 큰 결과를 가져오기도 합니다. 주식으로 따지면 가격이 급속도로 오르기 전 회사가 낮은 가격일 때 매수한 것과 같은 개념일 텐데 이 인원들은 현재는 스톡옵션 등 커리어 이외의 부가적인 보상들도 많이 확보했을 것입니다.

4.3. 스타트업 성장규모별 합류 트렌드 및 장·단점

다음으로는 어느 시점에 스타트업계로 오는 것이 가장 좋은 결과였는지, 좋은 결과였다면 어떤 보상과 기회를 얻었는지에 대한 이야기입니다.

스타트업의 성장은 보통 어떤 투자 라운드에 있느냐에 따라 나눌 수 있습니다. 투자 규모와 회차에 따라 시드, 프리 A(Pre A), 시리즈 A, B, C 등으로 나눕니다. 이런 시리즈 구분이 회사 임직원 수와 반드시 비례하는 것은 아니지만 이해도를 높이기 위해 대략적인 기준으로 매칭해 성장규모별로 어떤 팀장들이 합류하게 되고 각 개인들이 가질 수 있는 장단점은 무엇인지 살펴보겠습니다.

1) 총 직원 수가 10~20명일 때(시드~프리 A)

이 단계에서 합류하는 팀장들은 거의 대부분 창업자의 지인인 경우가 많습니다. 보통 스타트업은 폭발적인 성장을 하기 전까지는 인원을 늘리는 것을 극도로 조심합니다. 따라서 시장에서 살아남기 위한 제품을 개발하는 데 총력을 기울이며 핵심 개발자와 주요 기능별 인원 위주로 채용해 운영합니다.

그래서 이 단계에서 팀장으로 입사하면 대표와 친분이 있는 경우가 꽤 있습니다. 포지션 중에서는 회사 운영을 전반적으로 할 수 있는 올라운드 플레이어 또는 제품 개발의 핵심 기능을 담당할 전문가들이 팀장으로 입사합니다. 이 시점에서 합류한다면 보상적으로는 회사가 대규모 투자를 받기 전이어서 연봉(기본급) 수준은 낮을 수 있지만 향후 이득을 기대해볼 수 있는 스톡옵션을 좋은 조건으로 받을 수 있습니다.

또한, 문화적으로는 작은 규모의 조직 안에서 목표를 달성하기 위해 애자일하고 스타트업스러운 문화를 몸소 경험해볼 수 있다는 것이 장점입니다. 규모가 크지 않아 프로젝트 단위로 돌아가는 업무를 하면서 본인이 다니고 있는 회사의 명운에 영향을 미치는 일을 하는 것이 매력 포인트라고 볼 수 있습니다. 특히 초기 서비스를 성공시킨다면 큰 성취감을 맛볼 수 있고 본인도 향후 스타트업을 직접 운영할 수 있겠다는 자신감을 가질 수 있을 것입니다.

2) 총 직원 수가 50~100명일 때(프리 A~시리즈 A)

이 경우는 조직 규모가 커져가는 단계입니다. 아직까지는 대부분의 구성원들이 서로 알고 회사 동료 관계를 넘어 친하게 지내는 경우가 대부분이며 보통 일과 생활을 구분하는 경우도 드뭅니다.

팀장의 경우, 보상(기본급)으로는 이때 합류한다면 시드 단계보다는 좋은 조건으로 입사할 수 있습니다. 이 시점에서는 급속도로 비즈니스를 키우기 위해 제품과 전략 부분에 핵심적으로 영향을 미칠 경력자를 데려오는 데 힘을 쏟기 때문입니다. 그리고 아직 회사가 상당한 규모로 커지기 전이어서 스톡옵션 등을 상대적으로 좋은 조건으로 부여받고 합류하게 되면 재직하고 나서도 길지 않은 기간에 스톡옵션을 행사할 기회도 충분히 가질 수 있습니다.

참고로 팀원들의 경우, 본인들의 회사가 이제는 정말 커질 수 있겠다는 자신감과 기대감을 급속도로 갖기 시작하는 시점이기도 합니다. 더불어 회사는 회사의 발전과 성장을 위해 구성원들의 역량을 끌어올려야 하는데 외부 경력자들을 확보해 이미 일하고 있는 구성원들의 성장과 매니징을 위한 역할을 부여하게 됩니다. 회사가 가진 제품·서비스의 핵심적인 역량과 시장 상황을 잘 판단해 유니콘이 될 조짐이 보이는 회사라면 이때 합류하는 결정도 좋은 선택이 될 수 있습니다.

3) 총 직원 수가 100명 이상일 때(시리즈 A~)

이때 합류하는 팀장들은 스타트업 초기 보상에 대한 매력을 보고 입사하기보다 본인의 이직 시점 중 훌륭한 스타트업 회사가 눈에 보였을 수 있습니다. 문화적인 부분에서 매력을 발견했거나 직장생활을 전혀 다른 관점에서 해보고 싶어 하는 인원들이 대상이 되기도 합니다.

보상의 경우, 스타트업 규모가 작다고 해서 꼭 적은 수준의 액수를 제시하는 것은 아닙니다. 꾸준히 매출과 거래액이 나오는 회사라면 일반적인 회사로 이직할 때 수준의 인상률은 확보해 주며 스톡옵션과 사이닝 보너스 등의 추가적인 보상도 받을 수 있습니다.

이 시점에서는 회사가 1차적인 성공과 시장에서의 생존을 경험했기 때문에 내부 구성원 간의 유대감과 업무방식이 많이 확고해진 상태입니다. 그래서 이때 합류하는 팀장들은 이 부분에 대한 적응을 유연하게 할 수 있어야 하며 그렇지 못한다면 장기적으로 보았을 때 리텐션에 문제가 생기기도 합니다. 꼭 텃세라고 할 수는 없지만 아무것도 없는 회사에서 직원이 100명으로 성장하기까지는 수많은 우여곡절과 헌신이 있었을 것입니다. 이때 새로 합류하는 팀장들은 회사의 기존 문화와 장점은 존중하면서 조직 내부에서 개발이 필요한 부분을 바탕으로 팀원들에게 필요한 직무적인 정보와 노하우들을 공유한다는 접근으로 업무를 대하는 것이 바람직한 태도로 보입니다.

이번 장까지 스타트업계에서 팀장이 되는 유형과 어떤 환경에서 일하게 되는지 간략히 살펴보았습니다. 다음 장에서는 팀장들이 이러한 스타트업계에서 살아남기 위해 적응하는 모습들을 알아보겠습니다.

스타트업 팀장으로 적응하기

"결국 살아남는 자가 승자. 어떻게 적응해 나갈까?"

각 팀장들마다 서로 다른 이유와 기회가 있었고 결국 스타트업계에서 본인의 새로운 커리어를 시작하게 되었습니다. 그 선택이 과연 현명한 결정이었는지는 그 시점에서는 아무도 알 수 없습니다. 이제는 업계에서 얼마나 잘 적응해가며 본인의 역량을 어떻게 발휘할지에 대한 고민을 시작해야 합니다. 이번 장에서는 일단 스타트업계로 왔으니 이 산업에서 잘 작동할 수 있는 팀장의 기본적인 성향과 효과적인 리더십 이야기를 하겠습니다.

우선 리더십이라는 개념을 어떻게 정의해야 할까요? 여러 가지가 있겠지만 우리가 이야기할 리더십을 다음 정도로 정의하고 시작하겠습니다.

조직의 공동목표 달성을 위해 집단 구성원의 참여를 촉진하기 위한 영향력을 행사하는 능력

즉, 팀장 입장에서 보면 본인이 매니징하고 있는 구성원에 대한 영향력을 얼마나 발휘할 수 있는지에 대한 관점입니다. 다시 말해 각 팀장들이 본인들의 생각과 지식들을 전달했을 때 팀원들이 얼마나 받아들이고 그것을 업무성과의 결과로 얼마나 표출할 수 있는지에 대한 것입니다.

쉽게 생각한다면 팀장 입장에서는 좋은 정보를 많이 전달해야 하고 팀원들은 그 콘텐츠를 많이 받아들이면 됩니다. 팀원들이 그 리더십을 받아들일 수 있도록 팀장은 팀원들 마음의 수용성을 높이고 흡수를 막는 장벽이 있으면 그것을 낮추어야 합니다.

우선 팀장은 양과 질 측면에서 팀원들을 위한 효과적인 콘텐츠를 끊임없이 전달해야 합니다. 팀장이 전달할 수 있는 방법으로는 위클리 팀미팅과 개별 팀원과 진행하는 1대1 미팅이 있습니다. 이러한 공식적인 팀·개별 미팅의 주기와 횟수를 각 부서의 특성에 맞게 조절할 수 있습니다.

이러한 제도 안에서 양적인 부분을 확보했다면 질적인 부분도 확보해야 합니다. 팀 단위로 진행되는 위클리 팀미팅에서는 주로 팀의 업무 방향과 회사의 비즈니스 현안을 공유해야 합니다. 특히 스타트업의 팀장들이 놓치지 않아야 하는 분야는 비즈니스 방향성 공유입니다. 규모가 크지 않은 기업일수록 매주 매달 회사가 운영하는 비즈니스 세부 방향과 측정 성과지표들이 수시로 바뀝니다. 이러한 기업들은 고객의 반응을 수시로 체크하고 그 결과를 회사 운영에 즉시 반영하기 때문입니다. 따라서 각 팀원들이 가져가야 할 목표와 방향은 언제나 회사의 큰 방향과 얼라인먼트가 잘 맞아야 하고 그것은 자연스럽게 임팩트 있는 결과로 귀결됩니다.

1대1 미팅의 경우, 특히 개별 팀원에 대한 맞춤형 케어가 필요합니다.

팀장이라면 팀원의 업무적인 부분은 물론 개별적인 심리적 컨디션까지도 챙겨야 합니다. 심리적 케어는 코로나19 이후 팀장의 역할을 논의할 때 중요하게 추가된 부분입니다. 스타트업의 경우, 특히 직장이라는 공간을 처음 접하는 구성원들이 대부분입니다. 그래서 이 부분에 대한 리딩과 매니징이 더 중요합니다. 이전 시대까지는 회사의 HR부서가 전반적으로 이 부분을 맡아오기도 했지만 지금은 그렇지 않습니다.

최근 회사 HR은 전체적인 방향에 대한 가이드라인을 제시하는 역할에 집중하고 있고 개별 팀장들이 각 구성원을 케어하는 부분에 더 힘을 쏟는 환경입니다. 최근 한 기사 제목을 보니 '어느 것이 팀장의 역할이 아닐까?'였습니다. 어느 것이 팀장의 역할인지 논하기에는 너무 많으므로 이제는 팀장의 역할을 생각했을 때 아닌 부분만 체크하는 것이 더 빠르게 되었습니다.

이처럼 스타트업 팀장들이 가지고 있는 역할은 너무나 많습니다. 그렇다면 어떤 성향의 팀장들이 이 업계에서 잘 헤쳐나갈까요?

4.4 말이 통하고 일이 통하는 팀장

1) 팀원들을 매니징하면서도 팀장은 실무적인 업무를 지속해야 한다.

'이건 내 일이 아닌데', '내 직책은 이런 역할을 하는 것이 아닌데' 혹시 이런 생각을 가지고 있다면 팀장으로서 스타트업에서 살아남기 어려울 수 있습니다. 스타트업에서는 누구든지 전력화되어야 하고 실무 업무를 끊임없이 해야 하기 때문입니다. 규모가 있는 회사라고 해서 팀장들이 전력화되지 않고 있다는 의미는 아닙니다. 스타트업의 모든 구성원들은 상대적으로 거의 대부분이 비즈니스 최전선에서 역할을 하고 있어 이 부분이 더 강조될 수 있을 것 같습니다. 스타트업 기업은 실제로 고객과 경쟁사, 투자사 등과 계속 관계를 맺고 대응하면서 시장에서 살아남기 위해 끊임없이 비즈니스하고 있기 때문입니다. 이렇게 실시간으로 일하다 보면 리소스가 넉넉하지 않습니다.

마케팅 부서를 예로 들어보겠습니다. 가끔 규모가 있는 스타트업에서는 마케팅 에이전시를 사용하기도 하지만 일반적인 스타트업에서는 마케터들이 직접 모든 콘텐츠를 만들어 운영합니다. 페이스북, 인스타그램, 유튜브 등에 사용할 광고 소재 제작, 마케팅 효과성 파악, 배포 포인트 등을 정하는 데 모든 에너지를 쏟고 있습니다. 이런 일들의 결정과 실무를 수십 명이 아닌 단 몇 명의 인원이 하고 있기 때문에 그 마케터들이 모두 밀접하게 붙어 일을 진행하게 됩니다.

따라서 팀장의 경우에도 실무적인 부분은 물론이고 기획과 전략에도 많은 리소스를 투여하고 있고 업무 양이 상당히 많습니다. 특히 광고효과에 대한 성과를 매일매일 측정해야 하고 1~2주 후의 전략을 세우고 수정하고 다시 만드는 반복적인 작업을 하고 있습니다.

이처럼 스타트업 팀장으로서 역할을 제대로 하기 위해서는 어떤 일이든 마다하지 않아야 하며 기본적으로 팀원들과 동시에 일을 하면서도 중요한 결정과 방향성을 수시로 제시해 줄 수 있어야 합니다.

이러한 배경에는 대부분의 팀원들이 속한 세대도 큰 영향이 있습니다. 현재 스타트업 팀원들은 1990년대 중반생들이 대부분이고 대학 재학 중 인턴으로 경험을 쌓고 있는 인원의 경우에는 2000년대 초반생들도 꽤 있습니다. 뒷짐을 진 채 이래라 저래라 지시만 내리는 리더십은 그들에게 통하지 않습니다. 각 팀원들이 하고 있는 업무 하나하나를 모두 알고 있고 업무의 병목현상이 생기거나 난이도가 높은 업무가 생길 때는 실무적으로 함께 헤쳐나갈 수 있는 팀장이 필요합니다. 즉, 말이 통하고 근본적으로 업무를 함께 하는, 일이 통하는 팀장을 원합니다. 더욱이 스타트업은 저녁 회식 자리가 많지 않은 업계이기 때문에 팀장과 팀원들이 마음을 열고 통하고 친해지는 공간은 오피스가 절대적입니다.

회사라면 당연히 오피스 내에서 승부를 보아야 하는 것이 기본이지만 그동안 우리나라의 직장·회사 문화는 마냥 그렇지는 못했는데 이제는 오피스 내에서 업무적으로 일을 잘하는 팀장들이 환영을 받고 있고 스타트업계에서는 특히 그런 환경이 만들어지고 있습니다.

2) 하나만 꾸준히 파는 팀장, 스타트업에서는 힘들다. 일이 통하는 팀장이 되려면 제너럴리스트가 나을 수 있다

스페셜리스트가 될 것인가? 제너럴리스트가 될 것인가? 많은 직장인들의 숙명적인 선택사항일 텐데 스타트업에서의 커리어를 생각하고 있는 분이라면 후자의 경우를 추천합니다. 이 부분은 2가지 측면에서 이야기해볼 수 있습니다.

우선 스타트업은 규모가 크지 않습니다. , 팀이 분화되어 있지 않다는 말입니다. 마케팅 부서의 경우, 규모가 큰 회사는 오프라인 마케팅, 디지털 마케팅 담당이 구분되어 있을 것입니다. 그리고 디지털 마케팅 안에서도 퍼포먼스 마케팅, 검색엔진 마케팅, 브랜드 마케팅 등 다양한 영역으로 세분화됩니다. 반면, 스타트업은 일단 적은 인원으로 초기 비즈니스의 성공 가능성을 타진해야 합니다. 그래서 일당백이 될 수밖에 없고 마케팅 팀장의 경우에도 디지털 마케팅의 세부 영역에 대한 이해도와 경험이 있어야 합니다. , 많지 않은 인원이 성과를 만들어야 하는데 이는 회사가 작다고 해서 제품을 판매할 때 꼭 준비하고 다루어야 할 영역을 빠뜨릴 수는 없는 노릇이기 때문이기도 합니다.

업무상 한 영역에만 묶여 있고 변화에 대한 수용성이 둔감한 팀장들이 적응하기 힘든 이유는 또 있습니다. 스타트업에서는 업무 단위가 아니라 크게는 직무 단위 자체로 본인들의 역할이 확장되고 바뀔 수도 있기 때문입니다. 일반적인 기업에서는 본인이 속한 팀과 직무가 변경되는 경우는 그리 많지 않습니다. 혹시 발생할 경우에도 매우 큰 일로 다가옵니다. 보통 동일한 직무를 기반으로 업무 장소가 바뀌는 경우가 있을 수 있고 정말 큰 결심과 본인의 커리어 변경을 위해 자발적으로 시도하거나 지원하는 경우가 있을 수 있습니다.

반면, 스타트업에서는 개인보다 회사에 의한 변화가 매우 많습니다. 주요 이유는 역시 잦은 비즈니스 변화일 것입니다. 특히 이 업계는 사업 초기 단계이므로 업무 방향 전환이 매우 유연합니다. 그렇게 되면 그와 연계된 직원들의 책임과 업무도 수시로 바뀌기도 합니다. 이는 본인의 업무 영역, 더 나아가 직무까지 알아서 확장하면서 고객의 마음을 사로잡을 수 있는 제품 개발에 도움이 되어야 하기 때문에 애초부터 하나의 영역만 붙들고 있을 수 없기 때문입니다.

한편, 스타트업에서는 각 개인의 근속 연수가 그리 길지 않기 때문에 같이 일하던 팀장들이 자주 이탈할 수 있는 부분도 꽤 많습니다. 이 경우, 당장 사람을 충원하기 쉽지 않아 관련 분야에 있는 동료 팀장이 일정 기간 동안 역할을 대신해야 하는 상황도 부지기수입니다. 특히 이럴 때 스페셜리스트보다는 제너럴리스트로 이미 많은 분야의 경험이 있고 업무를 일정 기간이라도 해보았던 팀장이 위기를 해결하는 데 큰 도움이 될 것입니다.

4.5 성장! 성장! 성장! 그로스 해커형 팀장이 필요하다

1) 성장을 최우선으로 팀을 운영해야 한다. Z세대에게는 성장이 안정감이고 안정감이 성장이다.

그로스 해킹은 성장을 뜻하는 그로스(growth)와 해킹(hacking)의 합성어로 상품 및 서비스의 개선사항을 계속 점검하고 반영함으로써 사업 성장을 촉구하는 온라인 마케팅 기법입니다. 스타트업 기업들이 사업을 조기에 성장궤도에 올리기 위해서는 해킹을 하겠다는 데서 유래한 말로 '성장 먼저, 수익은 나중에'라는 문구로 축약되는 성장 중심의 마케팅을 추구합니다.

올해 대학내일 20대 연구소에서는 1,000명이 넘는 직장인을 대상으로 설문조사를 실시했습니다. 직장생활을 할 때 어떤 요소에서 안정감을 느끼는지 물었는데 다양한 세대 중 유독 Z세대에서 '성장의 기회'를 가장 중요한 요소 중 하나로 답했습니다. '성장'과 '안정감'은 얼핏보면 유사한 개념이 아닐 수도 있지만 오늘날 Z세대에게 그 2가지 개념은 매우 친밀한 것입니다. X세대와 밀레니얼 초반 세대에 비해 Z세대는 '개인성장의 기회' 개념을 안정감 측면에서 다른 세대보다 1.5배 이상의 긍정 응답률을 보였습니다.

이처럼 현재의 Z세대가 느끼는 '안정감'이란 다른 개념이지만 연관된 의미에서 '성장'으로 치환할 수 있습니다. 생각해보면 직장인은 본인의 팀 안에서 성장할 수밖에 없고 이러한 성장에 가장 유효하게 영향을 받을 수 있는 부분은 동료와 팀장과의 소통인 것은 분명한 사실입니다. 꼭 스타트업에 속하지 않더라도 많은 Z세대 직장인들은 '성장'에 방점을 찍고 회사를 다니는 것으로 보였습니다.

이 부분은 최근 Z세대가 직장을 대하는 태도와 하나의 회사를 다니는 근속 연수로도 충분히 설명됩니다. 평생직장 개념은 스타트업의 주요 구성원인 Z세대에게는 더 이상 유효하지 않은 개념입니다. 그들은 길지 않은 시기에 이직해야 하고 이직하고 싶다는 생각을 늘 하고 있습니다. 필자의 지인들에게 물어보면 모든 직무는 아닐 수 있겠지만 개발자 직무의 경우에는 한 회사에서 3년 일하면 정말 오래 있는 것이고 2년이 조금만 지나도 당연히 회사를 옮기는 생각을 한답니다. 이러한 상황이라면 그들에게 본인의 성장은 언제나 확보해야 할 숙제이고 최우선 개념이 됩니다.

따라서 스타트업의 팀원과 제대로 된 소통을 하기 위해서는 모든 업무와 미팅에 그들의 성장을 전제로 한 액션들이 필요합니다. 거대한 성장이 아니더라도 하루하루 배움이 있고 팀원 자신들이 조금이나마 성장하고 있다는 마인드를 심어줄 수 있는 팀장이라면 Z세대 팀원들에게는 언제나 환영받을 것입니다. 디자이너 직군을 예로 들면, 팀원의 포트폴리오를 함께 고민해주고 향후 커리어를 대비해 팀원에게 유리하고 임팩트 있을 경험과 연계해 업무를 만들어주어 그 일과 연계한 회사의 성과까지 만들어주는 팀장이 있다면 충분히 유효한 액션을 하고 있다고 볼 수 있습니다.

4.6 느림의 미학은 스타트업에서는 유효하지 않다

이 업계에서는 매일매일 새로운 일들을 빨리 해내야 한다. 입사 전 어떤 경험과 경력이 있었더라도 스타트업에 오면 처음 마주하는 일들이 대부분이다. 여기서는 느리면 안 된다. 일도 사람도 리더십도……

스타트업에 있다 보면 이 업계의 특징들을 생각해보게 됩니다. 그중 하나는 날마다 새롭다는 것입니다.

먼저 비즈니스와 관련해 생각해볼 수 있습니다. 사업을 관통하는 핵심적인 비즈니스 모델을 제외하면 이 업계는 매일 매주 새로운 시도를 합니다. 이야기했듯이 이것은 고객의 반응을 끊임없이 확인하고 개선사항이 있다면 시 반영하기 때문입니다. 예를 들어, 새로운 분야의 서비스를 시도한다고 했을 때 가설과 예측을 통해 매출 임팩트가 클 수 있다고 생각되면 대부분의 리소스를 그 서비스 준비에 바로 집중시킵니다. 또한, 서비스를 출시했는데 고객의 반응이 미지근하면 뒤도 안 돌아보고 바로 접기도 합니다. 이것은 최근 10년 내에 만들어진 스타트업 대부분이 애자일 조직을 기반으로 만들어져 가능한 부분이기도 합니다.

개발자, 제품담당, 마케터 등 하나의 제품을 만들고 고객을 유입할 수 있는 각각의 직군들은 기본적으로 기능조직 안에 속합니다. 그리고 특정한 시기에 하나의 서비스를 출시할 기회가 오면 프로젝트 개념으로 뭉쳐 업무를 수행하고 이후 다시 원래 자리로 돌아갑니다. 우리나라의 기존 기업에서도 많이 활용하는 태스크 포스(Task Force)와의 차이점을 생각해 본다면 그 횟수가 빈번하기도 하고 그것을 받아들이는 직원들도 쉽게 수용한다는 점이 약간 다르다고 볼 수 있습니다.

이처럼 비즈니스에 대한 접근이 항상 새로운 만큼 스타트업 팀장들도 새로움에 항상 대비해야 합니다. 업무 미팅을 할 때도 새로운 업무관계자들이 항상 생기고 그들과 커뮤니케이션을 할 수 있도록 배경지식도 꾸준히 쌓아야 합니다. 함께 일했던 팀원 말고도 새로운 팀원·동료들과도 매번 일할 수 있기 때문입니다.

이때 가장 깊이 고려해야 할 부분은 바로 일의 속도입니다. 속도가 느리면 문제가 될 수 있습니다. 정확한 메일 커뮤니케이션, 명확한 보고서, 확실한 책임소재 구분 등 일반적인 기존 기업에서 진행했던 협업에 대한 레퍼런스를 강조하다 보면 혼자 도태될 수 있습니다.

이미 알파 테스트이든 베타 테스트이든 회사가 개발하고 있는 제품은 런칭을 위해 속도가 붙고 있기 때문에 격식에 집중하기보다 좀 더 실용적인 접근이 되어야 합니다. 물론 빨리빨리 일을 쳐내면서 팀원관리도 해야 합니다. 이처럼 속도를 확보하기 위해 스타트업에서는 업무적인 소통은 슬랙이라는 툴을 많이 활용하고 리더십과 관련해서는 1대1 미팅을 아카이빙하고 관리할 수 있는 여러 HR 소프트웨어를 사용하고 있으므로 이러한 툴에 대한 활용능력도 능숙하면 더 좋을 것입니다.

각 팀장들은 저마다 고유의 업무진행 스타일이 있을 것입니다. 업무를 대하는 성향 자체가 매우 조심스럽고 완벽을 추구하는 분들은 물론 그 자체로 장점도 있겠지만 이 업계 안에서는 시간을 차분히 가져가는 성향보다 좀 불완전하더라도 속도감 있게 빠르게 일하고 매니징하는 것이 좀 더 유효한 접근이라고 말할 수 있겠습니다.

"스타트업 이후에는 어떤 커리어를 원하시나요?"

스타트업 경험 이후 멋진 커리어를 만들어 갈 당신을 응원하며

스타트업에 합류해 많은 우여곡절을 통해 결국 적응하고 치열하게 일하며 성과를 낸 팀장들… 몇 년이 지난 후에는 어떤 커리어를 가져가는 것이 좋을까요?

4.7 합류한 스타트업 회사에서 계속 일하는 경우

회사원이라면 누구나 하는 고민이 있습니다.

"나는 언제까지 회사에 다니게 될 것인가?"

특히 스타트업에 있다면 그 고민은 더 클 것입니다. 평균적인 근속 연수도 그렇고 사업의 안정감도 다른 큰 기업들에 비해 부족한 것이 사실이기 때문입니다. 그럼에도 불구하고 현재 다니고 있는 스타트업에서의 업무와 보상수준이 경쟁력이 있고 배울 부분이 계속 있다면 근무를 지속하기를 권합니다. 이 경우에는 몇 가지 포인트가 있습니다.

하나는 각 개인의 경력에서 한 획을 그을 만한 경력이 있어야 하는데 많은 요소 중에서 근속 연수도 가장 중요한 부분입니다. 최소 3년에서 길게는 5년 이상 한 회사를 다니면 본인의 중요한 경력이 만들어집니다. 이 경력이 비즈니스적으로 폭발적인 성공을 거둔 스타트업이라면 더할나위 없이 좋을 것입니다. 최소 3년 정도 회사를 다니면 업무적으로 정말 다양한 경우들을 접할 수 있고 그것이 개개인의 자산으로 남습니다. 또한, 그 정도 기간 동안 하나의 스타트업에 다녔다면 스톡옵션 등의 보상적인 측면에서도 꽤 경쟁력있는 수준을 확보할 수 있습니다.

또한, 짧지 않은 기간 동안 회사에 소속되어 있다면 자신이 속한 조직이 커가는 동안 자신의 노력이 직접적으로 영향을 미쳤다는 사실도 큰 보람으로 다가올 수 있습니다. 이러한 성장과 성공 경험은 향후 각자 다양한 조직에서 역할을 할 때 큰 무기가 될 것입니다.

4.8 또 다른 스타트업 또는 아예 다른 업계에서 다시 경력을 이어가는 경우

스타트업에 온 지 최소 2년 정도 지났다면… 그래도 이직을 알아볼 기본적인 시점이 되었다고 말할 수 있습니다. 더 빠른 시점에서도 이직을 알아볼 수 있겠지만 2년 미만의 경험은 그 깊이의 측면에서 아쉬운 것이 사실입니다. 2~3년 또는 그 이상의 스타트업에서의 경험으로 이직할 때 팀장에게는 무엇이 남아 있을까요?

우선 어떤 분야와 직무에서 일했든 비즈니스 측면에서 회사의 사업적 부분을 전반적으로 경험했다는 장점이 생겼을 것입니다. 스타트업에서 2년 정도 일하면 초기 사업에서 정말 무수히 많은 이슈들과 부침을 경험할 수 있습니다. 그 기간 동안 사업이 마냥 잘되지만도 않았을 것이고 성과의 업다운 사이클이 분명히 있는데 이때 사업을 바라보는 관점과 주요 경험을 체감하게 됩니다. 이런 부분들은 조직은 물론 팀장 및 직원 개개인의 생존에 큰 영향을 미쳤을 것이므로 큰 배움으로 다가옵니다.

이처럼 본인의 직무 영역 안에서 다른 회사나 업계로 이직하는 경우에도 직무적으로 비즈니스 담당이 아닌 경우라도 사업적인 부분을 지근거리에서 경험한 것은 회사라는 조직을 전반적인 시점에서 유기적으로 바라볼 수 있게 되었다는 측면에서 큰 장점이 될 수 있습니다.

또한, 업무 환경적인 측면에서는 스타트업의 유연한 조직문화를 만들어가고 운영했다는 부분과 속도적인 부분에서 애자일한 조직을 경험했다는 점도 그것을 필요로 하는 다른 조직이나 회사에 적용할 수 있는 충분한 배움이 되었을 것입니다.

이처럼 본인이 속한 회사에서 계속 경험을 이어나갈 수도 있고 새로운 조직에서 또 다른 경력을 펼쳐나가는 등 다양한 미래를 그려볼 수 있을 것입니다. 스타트업이라는 특수성이 있었던 공간 안에서 각자 성실히 쌓아나간 시간이 있다면 어떤 분야와 환경 안에서도 분명히 경쟁력 있는 모습으로 시작할 수 있으리라 생각합니다.

스타트업의 팀장을 무한히 응원하고 지지합니다.

4장. 스타트업 팀장의 생존과 성장 전략

팀장으로 리딩하기

5

'성과를 만들어내는 스타트업 팀장의 리더십'

4장에서는 스타트업에서 좀 더 빠르게 적응할 수 있는 성향에 대한 이야기를 해보았습니다. 스타트업에서 새롭게 팀장 역할로 커리어를 만들고 싶어 하는 분들은 평소 직장에서의 본인 업무 성향과 비교해보면 성공적인 소프트 랜딩 여부를 조금이나마 엿볼 수 있을지도 모르겠습니다. 이번 5장에서는 팀장으로서의 업무와 매니징과 관련해 한 단계 더 들어가보겠습니다. 바로 성과창출에 대한 이야기입니다.

스타트업 합류 초기, 적응이 마냥 쉽지만은 않았겠지만 3개월을 보내고 6개월이 지났다면 1차적으로는 이 업계에 적응한 것입니다. 생존자가 되었으니 이제는 성과에 대한 욕심을 충분히 내볼 수 있는 상황입니다. 회사와 경영진들로부터는 주요 직책자로서 뭔가 보여줄 것이라는 신뢰감, 팀원들로부터는 팀원 개개인의 잠재력을 발견해 팀원들이 속한 분야에서 뛰어난 전문가로 만들어 줄 수 있을 것이라는 애정어린 기대감을 받을 것입니다.

팀장 입장에서는 이러한 신뢰감과 기대감이 마냥 즐겁지만은 않고 긴장될 수도 있겠지만 이러한 상황을 긍정적인 방향으로 유지하고 발전시키기 위한 노력을 해야 합니다.

일을 진심으로 대하는 태도, 업무를 추진하는 방식, 성과수치를 만들어 내기 위한 지름길 등 많은 접근방식과 전략들이 있겠지만 필자가 생각하기에는 결국 하나입니다.

'Back to the basic'

기본으로 돌아가는 것입니다.

특히 스타트업 팀장의 경우에는 리더십과 매니징 영역의 기본으로 돌아가 꼭 해야 하는 것들을 신경쓰고 차분히 해내야 합니다. 리더십을 잘 발휘한다는 개념에는 수많은 영역들이 있겠지만 절대로 놓쳐서는 안 되는 부분들이 있습니다. 그것들은 마냥 대단하지도 화려하지도 않습니다. 우리가 흔히 알고 있는 HR의 기본 영역 중에는 키포인트들이 있고 이번 장에서는 그러한 지점들에 대한 이야기를 해보겠습니다.

당신이 팀장이라면 단지 그 영역에 대해 관심을 가지고 미루지 않고 실행하면 됩니다. 그것은 업무 성취감 확보, 성과평가, 차별적 가치 제공(EVP)에 대한 이야기입니다.

5.1 동기부여 리더십 팀원들의 업무 성취감 확보는 기본 중 기본이다.

— 팀원들의 업무 성취감 확보는 팀장에게 매우 중요합니다. 특히 스타트업에서 일하는 팀원들은 그 직장이 첫 회사인 경우도 많습니다. 사회생활 시작 시점에서 팀원들이 많은 시간과 노력을 들여 진행한 업무가 계속 무용지물이 된다면… 이후 온힘을 다해 노력하는 팀원들이 얼마나 될까요? 시작한 업무에 대해서는 반드시 어떤 형태로든 결과물을 얻을 수 있도록 팀장은 팀원의 노력을 지켜주어야 합니다.

회사라는 공간에서 업무 성취감은 어떤 의미일까요? 각 개인의 관점에서 본다면 본인이 투여한 노력과 시간이 의미있게 사용되고 있다는 것을 느끼게 해주면 됩니다. 여기서 '의미있는 사용'이라는 말에는 많은 해석들이 있겠지만 유의미한 성과를 가시적으로 만들어 낸다는 뜻일 수 있습니다. 이 부분에 대한 이야기를 먼저 해보겠습니다.

회사를 다니다 보면 수많은 업무가 생성되고 기획되고 실현됩니다. 반면, 수많은 기획 속에서도 그것이 실제로 실현되는 결과물까지 가는 경우가 매번 있는 것은 아닙니다. 따라서 업무 성취감 확보의 가장 우선적인 포인트로는 기획한 아이디어와 업무를 끝까지 밀고 나가 결과까지 도출해내는 것임을 강조하고 싶습니다. 보통 이 부분은 팀장의 역할이 가장 크게 작용합니다. 기획 단계부터 업무의 최종실현까지의 결과를 얻으려면 스타트업의 팀장은 어떤 준비와 관리와 리더십이 있어야 할까요?

우선 팀장 입장에서는 실무를 진행하는 팀원과의 얼라인먼트를 지속적으로 맞추는 것이 중요합니다.

A라는 프로젝트를 한다고 가정해봅시다. 팀원은 프로젝트 진행을 위해 사전 리서치, 벤치마킹 등 여러 가지 업무를 진행할 수 있습니다. 이때 팀장은 바이위클리든 위클리든 데일리든 진행되고 있는 업무 방향에 대한 공감대를 수시로 맞추어야 합니다. 하나의 프로젝트를 진행한다고 했을 때 방향성을 맞추는 미팅에 일정한 시간을 쏟는다고 한다면 그 일정한 시간의 투여는 프로젝트 초반으로 집중하는 것이 좋습니다. 당연한 말이지만 이미 프로젝트가 진행되는 도중에 방향성을 바꾸려고 한다면 그 노력과 수고는 몇 배가 들기 때문입니다. 특히 스타트업에서 일하는 팀원들은 경력이 많지 않기 때문에 마일스톤을 달성하고 해나가는 과정이 익숙하지 않습니다. 팀장 입장에서는 프로젝트 초반에 업무 방향 조절에 신경을 더 많이 쓰면서 팀원과의 소통을 지속해야 합니다.

또한, 팀장은 업무 성과 퀄리티의 질과 양을 동시에 확보해주기 위한 노력을 해야 합니다. 예를 들면, 본인의 인맥을 활용하는 방법이 있습니다. 하나의 프로젝트를 실행하기 위해서는 사전 리서치와 유사한 사례를 발굴하는 데도 많은 시간과 리소스가 들어갑니다. 이때 팀장은 본인의 인맥을 극대화해 팀원에게 좋은 소스를 제공해주어야 합니다. 관련된 프로젝트를 이미 진행해본 타사의 주요 경력자, 그 분야의 컨설팅을 많이 해본 컨설턴트 등 업무의 질과 양을 더 탄탄히 해줄 핵심적인 인맥을 연결해 줄 수도 있습니다. 이러한 접근은 업무 퀄리티를 향상시키고 그 팀원의 경험과 실력을 넓혀주는 데 좋은 역할을 할 것입니다.

위의 사항들은 업무가 진행되었을 때 최상의 결과물을 얻는 방법일 수 있고 이렇게 진행되어 실제로 실행안으로 채택까지 된다면 긍정적인 업무 성취감을 확보할 수 있습니다. 하지만 기획안이 매번 채택되는 것은 아닙니다. 업무 이해관계자, 권한자의 결정에 의해 사장되는 경우도 부지기수입니다.

그렇더라도 팀장이 할 수 있는 역할은 있습니다. 업무 마무리 시점에서 업무 공유회를 주최하는 것입니다.

프로젝트 결과 적용의 성공과 실패 여부를 떠나 실패했더라도 어떤 프로세스가 있었고 진행 과정에서 핵심적으로 배웠던 부분들, 아쉬웠던 점 등을 공유하는 마무리 시간을 꼭 마련하는 것이 좋습니다. 이렇게 된다면 팀장뿐만 아니라 타 팀원들에게도 인정받을 수 있고 동료들이 다른 프로젝트를 진행할 때도 효과적으로 적용할 만한 포인트를 생각할 수 있을 것이기 때문입니다.

5.2 성과관리 리더십 인사평가는 직장인에게는 시작과 끝이다. 그만큼 중요한 개념이다. 물론 팀원들의 평가 결과 책임은 누가 뭐래도 팀장에게 있다.

— 다음은 성과관리에 대한 이야기입니다. 스타트업에서는 평가제도 자체를 처음 경험하는 팀원들도 상당히 많습니다. 평가라는 개념을 친근하게 받아들이지 못하는 대상들일 수 있기 때문에 팀 안에서 평가제도 하나만 제대로 운영할 수 있다면 팀장으로서의 리더십 작동은 걱정하지 않아도 됩니다. 여기서 주요 포인트는 평가제도 진행 과정과 결과를 '전략적'으로 활용하는 것입니다.

평가제도는 그동안 시대의 흐름에 맞게 다양한 모습을 보여왔습니다.

상대평가를 거쳐 절대평가, 그리고 등급을 운영하지 않는 무등급평가까지… 등급의 상대적·절대적 사용에 대한 고민과 등급의 수는 몇 개로 이용하며 등급의 명칭을 어떻게 운영할 것인지까지 각 업계와 회사 안에서 많은 논의들이 있었습니다. 회사 입장에서는 평가를 운영하는 이러한 기본적인 제도를 탄탄하게 만들어 놓는 것은 당연히 해야 합니다. 그리고 더 나아가 평가제도를 더 제대로 활용하고 운영하는 방법을 고민해야 합니다.

핵심은 바로 팀장의 역할인데 팀장은 팀원과의 소통에 집중해야 합니다. 평가제도 과정 안에서 팀장은 어떤 역할을 해야 할까요?

결론부터 말하면 팀장은 평가제도를 전략적으로 활용해야 합니다. 좀 더 구체적으로 이야기해보겠습니다. 한 회사에 평가시즌이 찾아왔고 이미 성과가 상당히 좋은 A라는 직원이 있다고 가정해봅시다. 그 직원은 마냥 최고 등급을 받아야 할까요?

우선 업무를 잘해왔기 때문에 낮은 등급을 부여하는 것은 성립하지 않습니다. 기본적으로는 긍정적인 등급을 부여해야 하는데 등급 중에서도 미묘한 결정을 할 수 있습니다. 상황적으로 그 직원이 이번이 아닌 이후 돌아오는 평가시즌에서 승진대상자라고 가정해봅시다. 그렇게 된다면 팀장은 최고등급 부여를 이번이 아닌 다음 시즌에 할 수도 있습니다. 왜냐하면 다음 시즌의 승진 시점에 대한 중요성을 팀원에게 한 번 더 이야기한 후 승진 전에 한 번 더 최선의 노력을 해보자고 이야기 나누어 볼 수 있기 때문입니다.
이번 평가시즌에서 최고등급을 받아 자신감이 지속되면 너무 좋겠지만 팀원 입장에서는 이번 시즌에 부여하는 최고등급이 자만심으로 바뀔 수도 있고 향후 업무를 하는 데 좀 더 노력을 기울일 필요성을 못느낄 수도 있기 때문에 최고등급을 부여하는 것이 마냥 좋은 선택이 아닐 수도 있기 때문입니다.

따라서 이 경우, 팀장은 팀원에게 최고등급이 아닌 최고에서 한 단계 낮은 등급 부여를 이야기하는 것이 더 나은 선택일 수 있습니다. 이후 시즌에서 승진이 이상없이 이루어진다면 그 시점에서는 연봉이 어차피 그 승진 레벨 수준에 맞게 오를 것이므로 그 팀원에게는 충분히 동기부여가 될 만한 포인트도 생기기 때문입니다.

반면, 지난 기간 동안 차분히 회사생활을 잘해왔지만 본인 업무에 대한 셀링과 회사 안에서의 인지도가 낮아 평범한 등급을 받아온 직원이 있다면 팀장은 이 직원에 대한 평가등급 상향을 어필할 수도 있습니다. 모두 열심히 하는 회사에서 등급의 차별성을 두기는 너무 힘듭니다. 그럴더라도 이 경우, 평가등급이 최종적으로 결정되는 평가조정회의를 활용해 팀장은 팀원이 좋은 등급을 받아야 할 근거를 직접 꾸준히 확보하고 회사에 건의할 수 있습니다. 결과적으로 업무성취에 대한 결과를 인정해주고 그 팀원의 성장에 대한 모멘텀을 확실히 확보할 좋은 기회를 줄 수 있을 것입니다.

위의 두 가지 경우, 필수적으로 전제되어야 할 부분은 바로 팀장은 팀원과의 유대관계를 기본적으로 잘 만들어 놓고 신뢰감을 가진 상태를 유지하는 것입니다.

그럼 평가시즌이 아닌 평소에는 어떤 액션들이 필요할까요?

팀장은 팀원이 평가에 포함되는 주요 요소들을 빠짐없이 공유하고 관리할 수 있게 해야 합니다.

비법책을 공유한다기보다 실질적으로 평가에 반영되는 요소들에 대한 관리입니다. 앞에서 이야기한 것처럼 특히 스타트업에서는 평가를 받는다는 것이 생소한 직원들도 많고 한두 번 평가제도를 겪어본 대상자들도 많습니다. 사회 초년생과 주니어 직원들의 경우, 제도를 마냥 능숙하게 대할 수 있는 것이 아니므로 팀장의 명확하고 똑똑한 가이드가 필요합니다.

평가요소에는 많은 내용들이 있겠지만 대부분의 회사들은 평가를 측정하는 시기를 나누어 운영하기 때문에 시기에 대한 정확한 안내가 있어야 하고 평가를 받는 요소 중 동료평가가 여러 역할을 하는 회사의 경우에는 평가를 받는 대상자들은 본인이 함께 협업했던 동료들 중에 평가작성자로서 평가내용 제출을 꼭 부탁한다고 사전에 요청할 수도 있을 것입니다.

5.3 가치제공 리더십 스타트업에서는 팀원들에게 특별한 가치를 제공할 수 있어야 한다. 그것은 바로 활기찬 환경에서 모든 업무영역을 무한정 시도할 수 있는 업무경험의 유연한 확장이다.

— 스타트업의 특성 중에서 비즈니스의 속도, 끊임없이 변하는 전략 등 업계 안에서만 독특하게 느끼고 경험할 수 있는 부분들에 대해 이야기해보았는데

그중에서도 다양한 업무를 제한없이 해볼 수 있는 것도 스타트업에서 가장 큰 매력일 것입니다. 어쩌면 비개발자가 개발 영역까지 넘볼 수 있는 환경이 스타트업입니다.

스타트업에서 일의 범위와 영역을 논하는 것은 불필요할 수 있습니다. HR을 한다고 해서 마냥 평가를 하고 보상을 하고 채용만 하는 것은 아닙니다. 채용업무를 한다고 했을 때 일반적인 큰 회사들은 채용홍보에 사용할 그림 파일, 이미지 컷 등을 외주에 맡기는 것이 대부분이지만 여느 스타트업은 그렇지 않습니다. 잡포스팅에 사용할 자료를 확보하기 위해 직접 포토샵, 피그마 등의 작업을 진행하고 그 결과물을 채용활동에 연결지어 활용합니다.

영업·마케팅 담당 직원의 경우에도 꼭 그 영역에서만 업무 범위가 머물지는 않습니다. 월별, 주별, 일별 매출 수치를 관리하면서도 마케팅 영역별로 액션플랜을 세우고 실행합니다. 특히 숫자를 좀 더 타이트하게 관리하고 데이터를 뽑아내는 직원의 경우에는 6개월, 1년 후에는 마케팅에서 아예 데이터 팀으로 이동해 데이터 애널리스트로 직무를 확장하기도 합니다.

이러한 논의는 4장에서 잠시 이야기했던 스페셜리스트와 제너럴리스트에 대한 이야기로 다시 귀결될 수 있습니다. 필자가 생각하기에 스타트업에서 일하면서 가장 강력한 장점은 역시 많은 영역의 일을 해볼 수 있다는 것입니다. 이제는 시대가 변해 하나의 직무로는 한 개인의 경쟁력을 지속하기에는 그 확률이 많이 낮아졌습니다. 또한, 10년, 20년 회사원이라는 직업을 고수하는 트렌드도 아니기 때문에 많은 분야에서의 실무적인 경험을 쌓을 수 있는 것은 스타트업의 가장 큰 장점입니다.

따라서 팀장은 이러한 맥락적인 상황을 팀원들과 충분히 공유하고 팀원이 한 가지 직무와 업무에만 얽매이지 않고 다양한 영역에서 활약할 수 있도록 길을 열어줄 수 있으면 좋습니다.

우선 팀장 개인적으로는 회사 내 다양한 분야와 영역에 대한 기본적인 지식과 동향을 많이 알고 있어야 합니다. 수많은 회의 중에서도 본인의 팀원이 역할을 확장해 성과를 낼 만한 분야의 회의는 자발적으로 참가해 돌아가는 상황을 잘 파악해야 하고 역할을 할 수 있는 부분이 가시적으로 보인다면 팀원이 참여할 기회를 주고 독려할 수 있습니다.

팀원 입장에서는 동일한 급여 안에서 업무를 더 많이 한다는 부분에서 상대적 피로감을 느낄 수도 있습니다. 이 부분의 리스크를 관리하기 위해 회사와 팀장 차원에서는 기본급뿐만 아니라 성과급이나 보너스도 활용할 수 있겠고 커리어 개발 측면에서는 그런 노력으로 성공적으로 커리어를 만든 선배들의 사례를 통해 팀원들에게 스타트업에서만 제공할 수 있는 차별적인 가치를 만들어 줄 수 있습니다.

팀워크와 조직문화

6

개인주의 시대, 팀십을 위한
리더의 마인드셋

팀장의 가장 중요한 역할은 맡은 팀이 '성과'를 내는 것입니다. 팀의 성과를 위해서는 팀원들 간의 원활한 관계에서 이루어지는 역학인 팀워크(Teamwork)가 필수적일 것입니다. 이는 성과를 달성하는 데 가장 중요한 전제조건과도 같습니다. 팀 공동의 목표를 위해 팀원들의 역량들이 적재적소에 배치되고 팀원들이 한 팀으로 일하는 방법을 깨우친다면 팀이 내는 시너지는 그 어떤 전략과 기술보다 힘을 발휘합니다. 또한, 아무리 우수한 팀원이라도 단독으로 팀 전체의 성과를 낼 수는 없습니다. 이러한 이유 때문에 조직을 리딩해본 사람이라면 리더는 다른 일보다 우선 팀워크를 향상시키기 위해 고민합니다. 하지만 이제는 과거처럼 리더의 지시로 일방향으로 정렬되던 조직원들과는 다르게 팀워크에 접근해야 합니다. 개인의 고유한 일하는 방식과 개인의 성과를 존중하면서도 구성원들이 하나의 팀에서 함께 성과를 만들어내는 팀 시너지를 내기 위해서는 과거보다 더 전략적인 방식으로 팀워크를 조성해야 할 것입니다.

또한, 최근 기업에서는 유연근무, 자율좌석제, 원격근무 등 근무시간과 공간의 자율성을 일부 보장하는 하이브리드 근무제도를 시행하기 시작했으며 이를 통해 직원 개인의 시간, 공간의 자율성은 더 보장되었습니다. 하지만 조직 운영을 하는 팀장의 고충은 커지기 시작했습니다. 과거 동일한 시공간에서 바로 옆에서 어깨 너머로 일하며 자연스럽게 이루어졌던 팀 단위 커뮤니케이션과 팀 활동들이 당연히 줄어들 수밖에 없기 때문입니다. 근거리에서 업무를 지시하고 도울 일이 있으면 함께 그 자리에서 해결하고 선배 사원이 후배 직원에게 업무를 알려주고 케어해주는 역할을 기대했던 풍경은 당연히 줄어들 수밖에 없습니다.

취업정보 사이트 인크루트의 설문조사(2022)에 따르면 직원들에게 좋은 기업문화란 우수한 복지와 더불어 시간과 공간에서 개인이 업무에 가장 잘 몰입할 수 있는 환경을 스스로 선택할 권리를 보장하며 근무 자율성을 부여하는 회사임을 알 수 있습니다. 사람들마다 다소 성향 차이가 있을 수 있겠지만 이러한 경향성은 단체보다 개인 자신을 중시하는 밀레니얼과 Z세대를 비롯한 새로운 세대들이 회사를 선택하는 중요한 우선순위로 자리잡아 갈 것입니다.

그렇다면 지금 팀장은 과거와 다른 방식으로 팀워크를 재편해야 합니다. 자연스럽게 같은 시공간에서 일하고 일이 끝난 저녁에는 회식으로 개인사를 나누고 접점을 키워오며 팀원 간 신뢰를 쌓았던 방식에 의존하지 않고 오랫동안 출근하지 않는 팀원, 팀원들과 떨어져 앉는 것을 선호하는 팀원들로 인해 그러한 방식에 제약이 있을 수밖에 없음을 받아들여야 합니다. 개인의 자율성과 제도가 허용하는 범위 내에서 팀워크를 위한 팀원들의 인식 수준을 높여주고 자연스럽게 팀워크를 발현할 수 있는 촉매 역할을 해야 합니다. 개인의 업무 성향과 개인의 평가가 점점 중시되고 이에 따른 업무 몰입도를 보장하기 위한 자율성을 보장하고 있는 상황에서 어떻게 팀 단체의 화합과 협업을 강조하고 실현해갈 수 있을까요?

이를 위해서는 다음과 같은 팀장의 마인드셋이 필요합니다.

첫째, 과거와 다른 현실을 직시해야 합니다.
리더들 중에는 아직도 유연근무와 자율좌석제에 동의하지 않는다며 HR에 어려움을 호소하고 직접적인 반감을 표시하는 리더들이 있습니다. 과거에 자신들이 보아왔던 팀장들이 겪지 않아도 되었던, 동일한 시공간에서 팀원들 간에 자연스럽게 공유했던 일들에 대한 부가적인 커뮤니케이션을 현재 팀장이 신경써야 하는 것도 사실입니다. 그래서 늦은 시간에 출근하거나 원격근무, 유연근무를 적극적으로 쓰는 직원, 자신과 가까이 앉지 않는 팀원들에 대해 속상해하고 때로는 회유하기도 합니다. 하지만 이러한 반감과 거부는 현 세대의 개인 특성에서 점점 더 멀어질 뿐입니다. 시대적 흐름을 받아들이지 않고 과거의 조직 운영 방식을 쫓게 되는 마음을 과감히 떨쳐내야 합니다.

둘째, 팀 시너지를 내는 원리를 이해해야 합니다.
팀워크는 그저 한 자리에 모였다고 해서 이루어지지 않습니다. 과거 동료, 선후배들과 성공적으로 협업했던 자신의 경험을 반추해보고 주변의 성공 사례를 보며 팀워크가 성공할 수 있었던 핵심 요인을 파악해보는 것이 좋습니다. 그중에서 자신의 팀의 과업과 특성에 맞게 도입할 수 있는 것들을 도입해보는 것이 좋습니다. 또한, 우수한 팀워크에는 팀장과 팀원 간 신뢰가 두텁게 쌓여있음을 알 수 있습니다. 신뢰를 형성하는 방법은 복합적이고 다양하며 한 가지 방식으로만 할 수는 없고 업무 이전에 사람과 살아온 방식에 대한 이해, 업무 스타일에 대한 공유와 합의, 팀워크 성공 경험의 축적 등 다양한 방식으로 접근되어야 합니다. 이는 뒷장에서 설명하겠지만 서로에 대한 이해가 우선적으로 전제되어야 합니다.

셋째, 팀워크를 만들고자 한다면 역설적으로 팀원 개개인의 가치를 존중해주어야 합니다.

과거처럼 로열티를 강조하며 자신보다는 조직을 위해 희생하고 팀을 위해 헌신하자는, 개인이 주어가 아닌 선언은 더 이상 통하지 않습니다. 결국 자신이 잘되려면 팀워크가 필수적이며 개인의 성과가 존재하려면 협력이 기반이 되어야 함을 납득할 수 있는 팀의 방향성, 시스템과 체계, 그리고 이를 바탕으로 한 성공경험들이 쌓여야 합니다. 그렇다면 실제로 팀 운영을 어떻게 시작해야 도움이 될 수 있는지 구체적인 팁을 살펴보겠습니다.

6.1 팀워크의 초석 다지기 각 개인이 가진 업무적 가치, 일하는 방식에 대한 이해

공동의 팀워크를 쌓기 위해서는 각 개인의 내면을 이해하고 각기 다른 업무 방식과 가치를 이해하는 것이 출발점이 되어야 한다는 점을 역설했습니다. 팀원들 간에 서로 협업이 필요한데도 자신의 일만 중요해보이는 팀원, 자신의 일에 책임을 다하지 않는 팀원들이 있을 것입니다. 이렇게 서로 불신이 싹튼다면 팀워크는 깨집니다. 만약 유연근무, 하이브리드 근무 제도를 시행 중인 곳이라면 서로 대면하지 않는 상황에서 한 번 쌓인 팀원 간 오해는 더 커집니다. 따라서 이런 제도 하에서 팀워크를 위한 리더의 역할은 더 중요합니다.

리더와 팀원들이 오랫동안 서로 잘 알고 이해하고 있고 업무적으로 충분히 신뢰하고 있다면 이러한 과정이 필요하지 않겠지만 잦은 조직개편, 신입과 경력 직원의 유입, 기존 직원의 퇴사 등으로 팀 전원에게 신뢰가 돈독히 쌓여있기 어려운 팀이 더 많을 것입니다.

시간을 가지고 다양한 경험을 공유하며 자연스럽게 서로 이해하는 것이 가장 효과적이겠지만 과거처럼 회사에서 함께 부대끼며 일하지 않고 개인사를 나누는 것이 불편할 수도 있습니다. 이러한 환경에서는 업무 시간에서 서로 이해하는 시간을 의도적으로 마련하는 것이 필요합니다. 과거 회식 자리에서 이렇게 서로 친해지려는 리더들도 있었습니다. 그런 장면이 더 구조적으로 설계된 모습으로 근무 현장에서 시행해본다고 이해하면 쉬울 것입니다. 일단 리더가 팀원 개개인의 1on1 면담 시간을 통해 개인의 업무적 가치, 성향, 기호를 파악하고 리더가 생각하는 팀의 가치와 목표를 업무 배정, 협업 동료 설정 등으로 연계하는 방식과 동시에 팀원 전체가 워크숍 방식으로 팀원 간 상호 스타일을 이해하며 일하는 방식을 조율해가는 것을 제안해볼 수 있습니다.

먼저 리더는 조직의 목표 설정, 역할과 책임(R&R) 설정 전에 1on1 면담 시간을 통해 각 팀원의 업무 스타일과 내면의 기호, 가치, 성향을 파악해보는 것이 필요합니다. 다만, 가치 등 추상적인 개념을 첫 질문으로 한다면 원활한 답변을 끌어내기 어려울 수 있으므로 주로 팀원이 살아온 경로와 과거 경험을 통해 스스로 대답을 끌어내고 다음 질문을 이어갈 수 있도록 설계합니다.

[개인의 성향 파악을 위한 1on1 면담 시간 질문]

- **팀원의 업무적 강점 찾기**
  - 업무적으로 주로 장점이 발현되었던 상황, 업무 성과를 거두었던 경험과 그때 어떤 과정을 거쳤고 어떤 특성이 발휘되었는가? 반대로 보완하고 싶은 점이 있는가?
  - 동료와 상사에게서 들었던 피드백 중 자주 일치하는 강점은 무엇인가?

- **선호하는 업무 스타일 파악하기**
  - 어떤 업무를 할 때 비교적 몰입할 수 있는가?
  - 어떤 업무 환경을 선호하는가?
    (루틴한 환경, 다양한 장소, 자유로운 환경)

- **업의 의미**
  - 본 직무는 자신에게 어떤 의미를 가지고 있는가?
  - 나의 일은 회사의 성장에 어떻게 기여한다고 생각하는가?

- 향후 희망하는 커리어 발전 방향과 성장 계획은 무엇인가?
- 현재 업무에서 더 발전하고 싶은 영역이 있는가?

● **리더에게 바라는 점**
- 업무 수행 시 특별히 이해해주기를 바라는 점?
- 피드백 빈도는 어떤 빈도를 선호하는가?(중간 피드백 등)
- 업무 중에 리더의 도움과 조언을 필요로 하는 성향인가?
- 더 많은 권한을 가지고 위임받는 것을 선호하는가?

이렇게 종합적으로 질문해본다면 그 직원의 유형을 파악할 수 있습니다. 이러한 사항들을 면담을 통해 파악해보았다면 직원이 직무에서 어떤 가치를 중요하게 생각하고 어떤 일하는 방식을 선호하는지 파악할 수 있습니다. 다만, 단순히 직원의 유형을 파악해보는 데 그치지 않고 팀의 목표와 성과, 이에 따라 필요한 다양한 업무적 상황들을 정의하고 해당 팀원의 강점을 발휘할 수 있는 교집합 업무 영역을 찾아 제안하는 등 팀의 성과와 연계시킬 수 있는 방안을 모색해야 합니다.

개인의 가치와 팀원의 가치가 일치하는 점이 있다면 여기에 좀 더 주안점을 두고 이를 극대화할 수 있는 업무 배정과 이러한 면을 개인이 개발할 수 있는 목표를 부여한다면 더 좋습니다. 또한, 서로 보완해줄 수 있는 팀 동료들을 매칭해 서로에게 영감과 자극을 줄 수 있도록 합니다. 혹시 리더 자신의 가치와 다소 맞지 않는 성향의 팀원이 있더라도 팀에는 생각보다 다양한 업무와 성향들을 필요로 합니다. 다르다고 배척하기보다 리더가 놓치고 있는 장점, 팀에 필요한 역할을 면밀히 파악해 그런 팀원도 팀에 필요한 분야에서 제 역할을 해볼 수 있는 효능감을 줄 수 있는 업무를 배정하고 가치를 인정해주는 역할도 필요할 수 있습니다.

이러한 방식으로 팀장이 팀원을 이해하게 되었다면 이제는 팀원들 간 이해도를 높일 차례입니다. 서로 간에 상이한 업무 스타일을 이해하고 일하는 방식을 함께 합의해나갈 수 있도록 하는 워크숍을 세팅해보는 것도 팀워크를 다질 수 있는 좋은 방법이 될 수 있습니다. 자신을 알고 상대방을 아는 것이 팀워크 다지기의 출발점이라고 본다면 리더 주도의 변화보다 팀원의 능동적 참여가 전제되어야 합니다.

팀워크 관련 워크숍은 2가지로 구분할 수 있습니다. 첫째, 시중에 심리검사 즉, 자가 진단을 활용한 워크숍을 들 수 있습니다. 버크만(Birkman) 진단, MBTI, 4Mat 등과 같은 심리 진단을 조직 안에 응용해 시행해본다면 상호 업무적 성향을 파악하는 데 유용합니다.

각 진단들의 특징을 여기 소개합니다. 이 진단들은 팀이 생성된 지 6개월 이내 또는 팀장으로 부임한 지 6개월 이내에 하는 것이 좋습니다. 극초반에 시행하는 것보다 서로 스타일과 일하는 방식을 경험해본 이후에 하는 것이 효과적이므로 3~6개월 이내에 진행하는 것이 효과적입니다. 리더는 각 진단의 특징을 정확히 이해하고 팀원들에게 좀 더 이해하기 쉽고 친숙한 유형을 선택하거나 현재 팀의 상황에 따라 더 필요한 진단을 선택해 진행할 수 있습니다.

[상호 이해 진단의 특징]

- **버크만 진단: 검사 10~15분 소요**
  - 미국 심리학자 버크만이 개발한 개인 특성 진단으로 인간의 4가지 주요 관점인 동기부여, 자기인식, 사회적 인식, 사고방식을 나타내는 검사임
  - 개인 생활 양식에 대한 진단으로 개인의 흥미, 평소 행동 양식, 스트레스 상황 때 행동, 요구들을 파악하는 데 유용함
  - 조직적으로는 개인의 선호 직무, 선호하는 일하는 방식, 조직 지향점 파악을 통한 역할과 책임(R&R) 배정, 동기부여·육성 방식 이해에 유용함

    (빨간색: 운영·기술, 초록색: 영업·마케팅, 노란색: 관리·회계, 파란색: 기획·전략)

  - 300문항에 가까워 피검사자들이 다소 비협조적으로 임하기 쉽다는 것이 단점이며 각 사분면 도해는 빨강, 노랑, 파랑, 초록 4가지 색이며 흥미, 행동, 요구 3가지마다 색이 다르게 표현되므로 각 색상 도해마다 진단과 해석을 정확히 이해하고 해석할 수 있는 FT가 필요함

- **마이어스-브릭스 유형 지표(Myers-Briggs Type Indicator, MBTI): 검사 5분 소요**
  - 작가 캐서린 쿡 브릭스(Katharine C. Briggs)와 그녀의 딸 이자벨 브릭스 마이어스(Isabel B. Myers)가 카를 융의 초기 분석심리학 모델을 바탕으로 1944년에 개발한 자기보고형 성격 유형 검사입니다. 현재 20~30

대에게 가장 인기가 많은 진단으로 인간의 성격을 4가지 척도로 표시하며 각 척도는 2가지 양극의 성격으로 이루어져 있습니다. 4가지 척도마다 2가지 경우의 수를 조합하면 각 16가지 성격 유형으로 나누어집니다.

- 현 세대에게 널리 알려져 있기 때문에 팀원들과 워크숍을 구성한다면 팀원들이 몰입해 진행하기 쉽다는 장점이 있습니다. 에너지 방향(내향, 외향), 인식 기능(감각형, 직관형), 판단·결정 기능(사고형, 감정형), 생활양식(판단형, 인식형)을 판단하며 종합적으로 사람의 복잡한 성격 양식을 이해하는 데 유용합니다.
- 조직적으로는 개인에게 잘 맞는 직무, 타인에게 어떤 성향인지, 잘 어울리는 커뮤니케이션 방식이 무엇인지 파악할 수 있습니다.
- 해석에 대한 오남용과 과몰입으로 4가지 척도를 극단적으로 해석하는 편견을 만들기도 하기 때문에 조직 내 워크숍을 진행할 때는 16가지 유형뿐만 아니라 4가지 척도의 각 수치(1~30)를 함께 표기해 추가적인 해석의 여지를 두고 깊이를 더할 수 있어야 하며 다소 짧은 문항 수의 자가 진단으로 정확한 진단을 위해서는 자신이 가장 편안한 상태에서 솔직한 응답 위주로 진행합니다.

● 4MAT: 검사 5분 내 소요

- 교육학과 뇌과학 전문가인 버니스 매카시(Bernice McCarthy)의 논문에 기반한 사고 진단 프로그램입니다. 각 뇌의 단계적 유형별 발달 정도(Why, What, How, If)를 진단해 수치화했으며 조직에서는 관계 중심의 유형, 사실 중심의 유형, 성과 중심의 유형, 흥미 중심의 유

형으로 나누기도 합니다.
- 각 유형별 사분면에 따라 수치와 정도를 나타내주어 자신뿐만 아니라 타인과의 커뮤니케이션 방식 및 업무방식을 이해하는 데 유용합니다.
- 개인의 사고 유형을 이해하고 사고 유형의 장단점을 파악해 직장 내 역할 및 타인과의 업무 소통에 잘 적용할 수 있도록 도움을 줍니다.
- 업무 방식 및 의사결정 속도를 나타내는 데 유용하지만 버크만 진단, MBTI보다는 개인의 성향과 팀 내 역학을 알아보는 데 시사점이 풍부하지는 않습니다.

위 진단들은 각 개인의 결과를 팀원 전체가 한 눈에 볼 수 있는 표로 구성해 리더의 위치와 팀원들의 위치를 확인해보고 접점과 차이를 살펴보는 것도 유용합니다. 다만, 진단보다 중요한 것은 해석이고 활용입니다. 또한, 각 진단에는 부작용도 있음을 인지하고 세심하게 설계해야 하는데 상호 다름만 존재할 뿐 좋고 나쁜 유형은 없음이 강조되어야 합니다. 또한, 진단 결과가 단순히 흥미 위주로 해석되었을 때는 복잡다단한 인간 유형이 단 몇 개 유형으로 극단화되어 해석되기도 합니다. 따라서 MBTI, 4MAT 등의 진단 해석을 할 때는 이 진단을 깊이 이해한 퍼실리테이터의 진행을 통해 각 유형뿐만 아니라 각 유형의 정도, 수치 등도 함께 표시해 편향된 유형 해석으로 몰아가는 것을 방지하고 그 사람의 성향과 스타일을 이해할 수 있는 툴로 해석될 수 있도록 유도해야 합니다.

또한, 진단 결과를 바탕으로 워크숍 후반에는 이번 워크숍을 통해 새로 알게 된 점, 하나씩 시도해볼 만한 점을 모두 공유하는 것이 중요합니다. 리더는 팀 운영에서 팀원들의 공통적인 유형에 따라 지금까지의 자신의 성향에 비추어보았을 때 기존 소통 방식에서 강화하고 싶은 것, 이전에는 몰랐지만 다르게 해보고 싶은 커뮤니케이션 방식들을 직접 선언하고 팀원 간 후속으로 추가하고 싶은 커뮤니케이션 방식을 만들어낸다면 뜻깊은 워크숍이 될 것입니다. 반대로 리더가 고수하고 싶은 선호하는 커뮤니케이션 방식이 있다면 직접 자신의 성향 기반으로 몇 가지를 당부해보는 것도 리더가 원하는 팀의 방식을 만들어 가는 데 도움이 될 것입니다.

두 번째는 팀원들이 진솔하게 자신을 털어놓고 One Team으로서의 상호 기대사항을 합의하기 위한 워크숍을 설계해 운영하는 것입니다. 이를 위한 다음의 설계 예시로 몇 가지 질문을 셋업해 공유하며 자신을 드러내는 동시에 팀원 개개인을 이해하고 최종적으로는 우리 팀의 일하는 방식을 함께 정합니다. 그 예시로 다음 질문 순서대로 자신을 적고 서로 공유하는 형태로 진행하는 것이 좋습니다.

[One Team 워크숍 설계 예시]

- 함께 만들어보고 싶은 팀과 내가 기대하는 One Team의 이미지 공유
- 자기 소개: 가치관, 업무 후 일상, 가장 기쁠 때와 가장 힘들었을 때

- 선호하는 일하는 방식: 환경, 사람, 업무, 속도 vs 신중, 기획 vs 운영, 아침형 vs 저녁형

- **내게 동기부여해주는 것들:** 동기부여될 때의 과거 경험을 소개(주로 업무적 경험 기반으로)

- **함께 일할 때 중요하게 생각하는 것**

- **우리 팀의 팀워크를 위해 개인이 노력해볼 만한 것들**

- **실천 아이디어 제안 및 합의:** 팀원 투표 후 다수 또는 리더가 결정

- **리더 소감 및 팀원 소감 공유**

더 효과적인 워크숍을 원한다면 단순히 이야기하는 방식보다 다양한 툴을 활용하면 더 풍성한 이야기들을 끌어낼 수 있습니다. 첫 번째로 가볍게 함께 만들어보고 싶은 팀의 그림 이미지나 사진들을 소개하는 것으로 워크숍을 시작합니다. 표현할 때는 다양한 이미지의 사진들을 늘어놓고 이미지를 고르게 하고 그 이유를 함께 소개하게 한다면 추상적으로 가지고 있던 생각을 정리해 비유와 은유를 활용해 효과적으로 표현할 수 있습니다.

자기 소개, 특히 업무 후 일상을 소개할 때는 직접 인스타그램이나 SNS를 게시한다는 가정을 하고 해시태그를 설정하게 해 최근 자신의 상황을 짤막하고 재치있게 표현하게 하는 방식을 활용하면 요즘 팀원들에게 더 익숙한 방식으로 자신을 드러내게 할 수 있습니다. 또는 인생곡선을 그려보게 해 현재까지의 인생을 연대로 표시하고 그래프 굴곡을 표시하며 살아오면서 변곡점이 되었던 시점이나 가장 좋았던 시절과 어려웠던 일들을 자연

스럽게 꺼내보게 할 수도 있습니다.

　　본론으로는 각자 팀원들과 함께 일할 때 중요하게 생각하는 행동들이나 협업할 때 중시하는 가치들을 꺼내게 합니다. 이럴 때는 시중의 가치관 카드를 활용해 2~3가지를 골라보게 하고 그 카드의 내용을 직접 구체화시켜 말해보게 합니다. 이후 팀원들 간 공통된 카드를 골라 최종 협업 그라운드룰을 구성해보는 것도 좋은 방식입니다. 이때 팀원들이 더 자유롭게 자신의 생각을 터놓을 수 있도록 리더는 마지막에 발표하거나 그라운드룰 구성 때 약간의 의견을 더하는 것이 좋습니다. 개인의 동기부여 방식을 이해하는 것도 중요합니다. 결국 팀을 이끌고 성과를 끌어내는 동인은 동기부여된 개인이 업무에 얼마나 몰입할 수 있는가에 달려 있기 때문입니다.

　　마지막으로 합의된 협업에 대한 생각과 가치를 바탕으로 각자 팀워크를 위해 할 수 있는 행동들을 생각해 소개하고(작은 행동이라도 좋습니다) 유사한 행동끼리 모아 합의를 끌어내는 것이 중요합니다. One Team을 위한 그라운드룰을 설정하는 데 적합한 행동을 리스트로 만들고 팀원들이 투표하거나 유사한 행동들이 공통된 의견들이 많다면 최종적으로 리더가 선언하는 것도 좋은 방식입니다.

　　여기 마치기 전에 각자의 소감을 나누고 언제 어떻게 실천하면 좋을지 의견을 듣고 기록으로 남깁니다.

6.2 우리 팀의 존재 이유를 '함께' 합의하기

이러한 방식으로 리더가 팀원을 이해하고 팀원들도 서로 이해했다면 이제 팀에 대한 소속감을 형성할 순서입니다. 팀이 생겼거나 그 팀의 팀장으로 부임했다면 팀의 미션이 있는지 살펴보아야 합니다. 대부분의 팀이 성과 목표는 이해하고 있지만 팀의 존재 이유 즉, 소명을 합의해 정확히 인지하고 있는 팀은 생각보다 많지 않습니다.

업무 속도보다 중요한 것은 팀의 방향성일 것이며 팀의 존재 이유는 팀원들이 한 방향으로 일하는 의미와 자신의 팀에 대한 자부심, 책임감, 소속감을 만들어 줍니다. 소명을 만들기 위해 필자가 제안하는 방식은 리더가 독단적으로 결정하고 방향성을 정하는 방식보다 팀원이 생각하는 우리 팀의 가치와 존재 이유를 함께 공유하고 이를 반영해 선언하는 것입니다.

내가 소속된 조직의 존재 이유에 공감한다면 소속감은 자연스럽게 형성될 수 있습니다. 과거 리더의 일방적인 지시만으로도 팀이 움직였다면 이제는 나의 일과 우리 팀의 업이 회사 성과에 어떻게 기여하고 더 나아가 회사, 고객, 사회에 어떻게 기여하는지 명확히 인지하고 방향을 설정한다면 자신의 일을 더 의미있게 여길 수 있고 몰입하는 데도 도움이 됩니다.

과거에는 모두 리더 선언과 가치를 천명해주기를 기다렸다면 이제는 각자가 생각하는 바람직한 팀의 존재 이유를 공유하고 함께 만들어 나간다면 자신의 업무 목표를 설정할 때도 더 자연스럽게 팀의 미션이 스며들기 쉽습니다. 혹시 신생팀이 아니더라도 함께 공유하고 있는 팀의 미션이 없다면 시간을 내 만들어볼 것을 권합니다. 연중보다는 연초가 효과적이지만 시기를 놓쳤다면 성과평가 이후 차년도의 방향을 설정하는 연말을 기대해보길 권합니다. 필자가 진행했던 팀 미션 설정 방식을 아래에 소개합니다.

시간은 길게 들이지 않고 2~3시간 할애해 충분히 진행할 수 있습니다. 먼저 리더는 함께 모여 미션을 만들 것을 제안하고 사전에 팀원들에게 다음과 같은 정보와 질문을 제시하고 생각해오게 합니다. 그리고 미션을 위해 중요하게 생각하는 키워드를 미리 떠올려오게 합니다.

[미션 합의 전 사전 준비]

- 함께 만들어보고 싶은 팀

1) **회사 비전·전략, 미션, 상위 조직의 비전 제시**
   - 팀은 회사를 위해 존재하고 상위 조직의 비전과 연계되어야 하므로 회사의 비전, 전략, 상위 조직(실, 사업부 단위) 비전을 미리 제시하며 연계되어야 함을 강조합니다.

2) **핵심 질문 사전 제시**
   미션을 도출해내기 위한 질문을 다음 3가지로 제시하며 실제 서비스 대상을 먼저 떠올리게 해 이를 통해 무엇을 하는지 질문해 우리 팀의 존재 이유를 도출해보게 합니다.

[질문 리스트]
- 우리 팀의 고객은 누구인가?
- 회사와 고객은 우리에게 어떤 가치를 원하는가?
- 이를 위해 우리는 어떤 일을 하고 있는가?

이후 함께 모여 미션을 논의합니다. 미션 합의 때는 팀원 간 더 활발하게 상호작용할 수 있도록 대면 방식을 권합니다. 여기에 미션 구성 형태를 미리 제안하고 시작하는 것이 좋습니다. 미션은 간결한 한 문장으로 완성하고 고객과 우리가 하는 일의 본질이 드러나는 문구로 표현되어야 한다는 점을 워크숍 시작 때 요건으로 둡니다.

먼저 팀원들이 핵심 질문에 대한 자신의 답변을 준비하도록 해 고객이 누구인지(who), 고객은 우리에게 무엇을 원하고 이를 위해 우리는 무엇을(what) 하는지, 어떻게(how) 하는 것이 바람직한지 들어본 후 팀원들의 답변에서 주요 키워드를 도출해냅니다.

퍼실리테이터가 없다면 리더가 직접 자청해 주요 키워드를 적으면서 듣는 것도 좋습니다. 모든 팀원들의 이야기를 들어보는 것이 중요하며 여기서 나온 주요 명사와 동사 등의 키워드들을 모은 후 유사한 키워드들을 다시 분류합니다. 유사 키워드 중에서 우리의 고객이 누구이고 우리가 무엇을 하는지 본질을 가장 정확히 포착했다고 생각하는 키워드들에 대해 구성원들의 최종 의견들을 듣고 리더가 자신의 의견을 곁들여 결정합니다. 결정된 키워드로 완결된 한 문장으로 다시 구성합니다. 이는 조를 짜 구성하고 최종 문장에 대한 결정은 투표 방식이나 리더가 조정하는 것도 별 무리가 없을 것입니다.

필자는 팀에 부임한 1월, 팀 미션을 다음과 같이 팀원들과 함께 합의해 결정했습니다. 이에 주요 키워드는 리더가 팀원들이 답변한 내용을 바탕으로 중요 키워드를 다시 강조하며 리더가 그 용어의 정의를 정확히 기술하며 보완해준다면 미션을 인지하는 데 도움이 됩니다.

[○○○○팀 미션]

우리 회사 구성원들이 일에 **몰입**하게 하며 **변화**를 위한 **성장** 경험을 만들어준다.

[주요 키워드]

- **몰입**: 조직의 방향성에 공감하며 일에 의미를 느끼고 주도적인 업무 수행을 통해 자신의 능력을 최대한 발휘하는 것
- **변화**: 뉴노멀·불확실한 경영환경에 대응·적응할 수 있고 당사의 변화 방향성에 부합해 변화를 이끌어가는 역량
- **성장 경험**: 업무 수행을 위한 도구·지식 제공 및 개인별 맞춤학습 기회를 부여하며 입사·퇴사·승진에서의 동기부여, 긍정 경험 설계

도출된 미션을 바탕으로 다음과 같은 우리 팀의 빅 픽처 매트릭스(Big picture matrix)를 리더가 만들어 본다면 팀의 방향성과 이에 기반해 바람직한 행동 기준과 업무 환경에 대한 나침반을 제공하며 팀의 성과를 견인하는 방식을 팀원들이 이해하기 쉬워질 것입니다. 이 매트릭스를 직렬화(cascading)해 팀원 개인의 업무 목표를 설정하는 데도 좋은 참고가 될 수 있습니다. 여

기에 미션은 맨 꼭대기에 존재해 존재 목적과 조응합니다.

[A팀의 빅 픽처 매트릭스]

❶ 우리 팀은 어떤 존재 목적을 가지고 있습니까?

우리 팀은 구성원이 일에 몰입하게 해 변화를 위한 성장 경험을 만들어주는 목적을 가지고 있습니다.

❷ (목적에 따라) 우리 팀(원)은 어떤 가치와 신념을 중요하게 생각해야 할까요?

이를 위해서는 직원의 관점에서 '일'을 잘하기 위해 부여해야 할 경험과 역량이 무엇인지 끊임없이 듣고 파악할 필요가 있습니다. 직원의 시선에서 필요한 문화적, 물리적 환경을 조성해주고 일을 하는 데 필요한 지식, 노하우에 대한 접근성을 높여주는 것입니다.

❸ (가치, 신념에 따라) 우리 팀(원)은 어떤 능력이 필요합니까?

구성원의 의견과 맥락을 정확히 이해하고 대응할 수 있는 커뮤니케이션 스킬, 회사의 니즈와 구성원의 의견들을 잘 구조화할 수 있는 문해력과 통찰력, 솔루션으로 만들 수 있는 기획력이 필요합니다.

❹ (능력에 따라) 우리 팀(원)은 어떤 행동을 잘하고 자주 해야 할까요?

외부 환경과 트렌드에 민감하게 꾸준히 학습하려고 하며 조직의 비전과 방향성에 대한 관심을 가지려는 노력과 업무 현장·구성원의 목소리를 끌어내 종합하고 업무에 녹이려는 행동을 자주 해야 합니다.

❶ 정체성 Identity
❷ 가치&신념 Value & Belief
❸ 능력 Capabilities
❹ 행동 Behavior
❺ 환경 Environment

❺ (행동에 따라) 우리 팀(원)은 어떤 환경을 만들고 조성해야 할까요?

1. 아이디어를 자유롭게 이야기하며 팀원들의 기획안에 서로 제언하고 건설적인 피드백을 제공하는 환경 조성
2. 업무를 통해 배운 경험과 실수를 팀원 간 공유하고 성찰을 끌어냄으로써 상호 자극하는 환경

- **팀의 그라운드룰과 의식(Ground Rule, Ritual) 만들기: 함께 지켜야 할 룰, 함께 행동하는 의식 만들기**

의식(Ritual)은 종교적 의례에서 나온 용어이지만 개인이 일상에서 신성하게 지키는 작은 습관을 의미합니다. 20~30대 직원들 사이에서는 개인이 스스로 미라클 모닝, 달리기, 어학 학습 등 다양한 영역에서 꾸준히 행하고 싶은 일정 간격의 습관을 결정하고 성공한 이후 타인들에게 인증하는 방식이 유행하고 있습니다. 이는 자신이 바라는 이상적인 모습에 가까워지기 위해 긍정적인 영향을 미치는 습관들을 정의하고 매일 실행하고 축적해가는 것에 의미를 두는 것이며 단순한 습관 이상의 정체성을 형성해 가는 의식의 차원으로 격상되고 있습니다. 우리 팀원들의 상호 성향을 이해하고 팀의 미션과 비전을 설정했다면 이제 팀에서도 우리 팀만의 의식을 만들어보며 팀워크라는 이상점을 구축해가는 방식이 필요합니다. 개인, 가족, 팀 등 단체에서도 합의된 의식을 만들어간다면 이는 서로 다른 개인들이 모여있는 팀에 공통된 정체성을 형성해 줄 것입니다.

의식을 설정하기 전에 가장 기본적인 근무 방식과 일하는 방식을 정의하는 그라운드룰을 설정해보기를 권합니다. 원격근무와 자율좌석제를 실시하는 환경 속에서도 협업과 팀워크를 위해 구성원들 사이에서 꼭 준수해야만 하는 룰을 도출해보는 것도 중요합니다. 그라운드룰은 서로 눈에 보이지 않는 환경에서 일하는 팀이라면 근무 방식 등에서 팀 동료의 최소한 필요한 행동을 예측 가능하게 하는 역할을 합니다.

먼저 그라운드룰은 워크숍, 1on1 면담 시간 등으로 다양하게 수렴한 팀원들의 의견을 토대로 리더가 종합적으로 최종 결정합니다. 독단적으로 결정하기보다 팀원의 의견을 반영해 우리 팀에 필요한 내용을 솎아내고 조율해 결정하는 것이 중요합니다. 자신의 의견이 반영된 그라운드룰은 실천에 대한 힘을 더 발휘할 것이기 때문입니다.

그럼에도 그라운드룰과 의식을 어디서부터 만들어야 할지 막막하다면 다음과 같이 우리 팀의 업무 특성과 미션에 부합하는 가치관을 먼저 생각해 봅니다. 이에 맞는 기본적인 근무 방식, 환경에 관한 업무별, 상황별 카테고리를 나누어 본 후 그에 맞는 룰을 만들어 보면 더 쉽게 만들 수 있습니다. 필자는 다음과 같은 4가지 범주로 구분해 그라운드룰을 설정했습니다.

이 팀은 당사의 자기주도근무 제도(일 4시간 이상 근무 지침(오후 1시 이내 출근), 자유 출퇴근 시간 지정)를 자유롭게 활용할 수 있지만 최소한의 협업과 공유는 필요하다고 보았기 때문에 그에 따른 근무 공유 지침을 설정했습니다.

[○○○○팀 일하는 방식 그라운드룰]

1) 근태·일정 공유
- 근무 계획을 사전에 업로드(7일 이내)한다.
- 공식 교육, 출장 일정은 아웃룩을 통해 상호 공유한다.
- 공식 교육·행사·프로그램은 팀 캘린더에 공유한다.

2) 휴가
- 휴가 및 근무 계획 변경은 각 워킹에 사전 공유한다.
- 휴가는 특이 건 이외에는 리더에게 사전 동의를 구하지 않아도 된다.
- 2일 초과 휴가 예정인 경우, 잔여 업무를 팀원들과 공유하는 인수인계 메일을 남긴다.

3) 원격근무
- 새롭고 창의적인 발상이 필요한 신규 기획이나 개선을 고안하는 업무의 경우 원격근무가 가능하다.
- 원격근무를 시작할 때는 팀즈 팀 채팅 창에 아침인사로 출근 시작을 알린다. 퇴근할 때 별도 인사는 필요하지 않지만 예정보다 일찍 종료하게 된다면 협업하는 팀원들에게 반드시 알린다.
- 팀의 교육·행사 등 워킹 내 대면 협업이 필요한 일에는 출근한다.
- 리더와 업무 목표, 범위, 근무시간을 사전에 커뮤니케이션한다.

4) 보고
- 기획안은 최종 보고 이전에 간단한 얼개를 구성한 후 리더와 협업 동료에게 초안의 피드백을 구한다.
- 팀즈를 통해 비대면으로 공유하거나 보고하지만 중요도에 따라 대면 보고한다.
- 의사결정권자까지 실무자가 직접 보고한다(중요도에 따라 리더가 동행함을 결정한다).

5) 회의

- 직급이나 직책을 불문하고 의견을 개진한다(의견 충돌은 건강함의 상징이다).
- 비난적인 어조보다 건설적인 피드백과 제언을 주고 받는다.
- 회의 마지막에는 작은 결론을 내며 결론을 낸 이후에는 다른 의견을 가지고 있었더라도 진행을 위해 헌신한다.
- 회의장에서 감정은 두고 나온다.

위의 그라운드룰에서 가장 중요한 것은 설정한 후 선언하는 것입니다. 아무리 좋은 룰과 생각도 선언하지 않는다면 실천으로 이어지기 어렵습니다. 유명한 SF 소설가이자 영화 〈컨택트〉의 원작인 테드 창의 소설 『당신 인생의 이야기』에서도 언급되어 있듯이 언어는 단지 의미를 전달하는 기능만 가진 것이 아니라 그 사실을 '선언'함으로써 실현될 수 있는 기틀을 만들기 때문에 단순한 선언 이상의 의미를 가지게 됩니다. 우리 팀이 가야 할 방향과 그라운드룰은 반드시 리더의 언어로 그룹웨어 시스템, 메일, 게시판 등 공식적인 방식으로 선언되어야 합니다. 여러 번 선언할수록 좋습니다.

이후 중요한 것은 리더도 이 그라운드룰을 예외없이 따르는 것이며 이를 지키지 않은 구성원에게는 교정적 피드백을 하는 것이 필요합니다. 그라운드룰은 항상 고정되는 룰이 아니라 수개월 동안 유지해본 후 1on1 면담 시간을 활용해 팀원들의 의견을 수정하거나 개선할 것은 없는지 의견을 듣고 수정 반영해 나가는 것도 좋습니다.

이러한 방식으로 그라운드룰, 기본적으로 필요한 생활 규칙 등을 지정했다면 우리 팀의 의식을 만들어볼 수 있습니다. 앞에서 소개한 것처럼 리더가 우리 팀의 빅 픽처 매트릭스를 설정해 보았다면 이를 참고로 만들어 봅니다. 필자는 앞에 나온 빅 픽처 매트릭스 중 'Environment(환경)' 부분에서 발췌해 아이디어를 자유롭게 이야기하며 서로의 기획안을 제언하고 건설적인 피드백을 주는 환경 조성, 업무를 통해 배운 경험과 실수를 팀원 간 공유하고 성찰을 끌어냄으로써 서로 영감을 제공하는 환경을 중요하게 보았습니다.

이에 기반해 필자의 조직 내 팀은 사회, 환경, 문화의 트렌드를 흡수하고 이를 실제 기획에 접목하는 역량과 팀원들의 상호 아이디어들을 제언하고 이를 바탕으로 적용·발전시켜 나가는 과정들이 많이 요구되는 일이기 때문에 팀 의식으로 다음과 같은 시점별로 3가지를 만들어 운영했습니다.

■ **분기별**
- **AAR**(After Action Review): 분기별로 해왔던 업무 목표와 결과를 공유하고 성과와 개선점을 토의

■ **월간**
- **월간 FIKA**: 외부 HRD, 조직문화 트렌드 관련 기사(Article)를 읽고 시사점 토론
- **업무 공유 회의**(Sharing Session): 팀 내 2개 워킹이 주요 기획안을 공유하고 상호 시너지를 낼 수 있도록 아이디어와 의견을 주고받는 회의

■ 반기별
- Hello, Goodbye 워크숍: 하반기 또는 차년도 팀 방향성 공유

의식은 처음에는 리더가 주도해 진행해본 후 방식이 익숙해지면 구성원들에게 권한을 위임해 진행할 수 있지만 상·하반기에 진행하는 Hello, Good Bye 워크숍의 경우, 한 해를 마무리하고 차년도 팀 방향성을 논의하고 공지하는 시간으로 리더가 양식을 만들고 워크숍 회의를 리드해 하반기 또는 차년도 주요 과제를 논의하고 설정하는 시간을 가졌습니다.

팀의 이러한 의식 즉, 서로 업무를 공유하고 자유롭게 의견을 교환하고 팀원 간 피드백하는 모임들은 강요된 방식이 되면 안 됩니다. 각 팀원의 성향을 이해하고 팀의 미션을 팀원들과 함께 설정하며 팀의 가치관을 저절로 공감하고 받아들인 후 이에 부합하는 억지스럽지 않은 의식을 설정해야만 팀원의 암묵적 동의를 기반으로 팀 문화로 만들어갈 수 있습니다. 만약 초기에 혼자 이끌어가는 것이 어렵다면 이를 적극적으로 따라줄 만한 선임 지원을 지정해 역할을 부탁할 수도 있습니다.

이 외에 팀워크에 도움이 될 만한 가벼운 의식부터 실시할 수도 있습니다. 신입사원을 대상으로 환영 키트를 구성하고 축하해주는 의례, 입사 100일 축하 또는 승진한 직원에게 롤링페이퍼를 작성해주는 의례, 팀원 간 서로에게 작은 것이라도 감사하는 의례(감사 카드 등 활용)들을 연중 1~2회 만들어 가볍게 팀워크를 촉진하는 것도 팀 활력 향상에 좋은 방안입니다.

6.3 협업 성공 경험 축적하기

아무리 좋은 그라운드룰을 팀에 설정하고 의례을 팀에 만들더라도 실제로 협업해본 경험만큼 팀워크를 쌓는 데 유익한 경험도 없습니다. 리더는 팀의 미션을 바탕으로 미션과 방향성에 부합하는 업무 과제를 부여하고 그 업무의 메인 담당자 외에도 같은 워킹 그룹 안에서 가능한 한 최소 2~3명이 함께 일할 수 있는 분위기를 조성합니다. 담당자가 업무를 리드하되 이와 연관된 업무를 하는 직원들이 함께 협업하는 분위기를 만들어주고 체크리스트에도 업무를 부여하는 것입니다.

이렇게 경험했을 때 그 업무 경험이 성과로 나타난다면 저절로 협업을 지향하게 됩니다. 단독으로 진행되는 일이 많지 않은 업무 특성이라면 더욱 팀의 미션을 잘 이루어가는 방식으로 협업의 중요성을 강조하는 것도 함께 수반되어야 합니다. 추가로 연초 성과목표 설정 때 일부 과제는 팀원들이 공동의 목표를 가진 과제를 동일한 평가 척도를 두면 더 효과적입니다.

또는 팀원 다수가 함께할 수밖에 없는 대규모 업무 프로젝트가 생긴다면 더더욱 협업이 필요한 순간입니다. 이때는 구성원 간 유기적으로 협업 업무 리스트를 조율하고 지휘하는 리더의 역할이 필요합니다. 각 구성원의 업무 스타일과 특징, 장점들과 현재 업무 과중도를 바탕으로 메인 담당자와 의논해 업무를 배분하고 업무 분장을 셋업합니다. 이 업무가 성공적으로 수행되면 팀원들은 협업 시너지가 무엇인지 경험을 통해 이해하게 되고 협업을 통해 팀의 목표를 다함께 완수하는 경험을 하게 됩니다.

즉, 자신의 메인 업무가 아님에도 불구하고 이는 자신이 속한 팀 차원의 일이라는 인식을 가질 수 있도록 리더가 적절히 개입하는 것이 필요합니다. 협업 문화가 이루어지기 위해 중요한 것은 팀원이 다른 팀원의 업무에 협조하고 돕는다면 자신도 언제든지 도움을 받을 수 있다는 믿음입니다. 공동 프로젝트를 분담해 함께했을 때 차후의 일도 동료가 협업해줄 것이라는 자연스러운 인식이 생길 수 있도록 상호 신뢰를 키우고 협업 문화를 정착시킬 수 있도록 초기 리더의 노력과 개입이 필요합니다.

추가적으로 감사와 칭찬의 힘만큼 효과적인 것도 없습니다. 협업이 성공적으로 마무리된 시점에서 리더가 작게나마 구성원들과 공식적인 축하와 감사 인사의 자리를 갖는다면 구성원 간 협업 문화는 더 강화될 수 있습니다.

6.4 심리적 안전감 조성하기

조직문화와 팀십에서 빠지지 않고 꼭 거론되는 용어가 있습니다. 바로 '심리적 안전감'입니다. 심리적 안전감은 자신의 실수와 우려를 기꺼이 팀에 이야기할 수 있으며 이를 통해 솔직한 피드백을 주고 받을 수 있는 문화를 말합니다. 다만, 청소년기 교육 과정, 단체생활 등의 과거 경험을 통해 상호 피드백이 익숙하지 않고 부정적인 피드백을 받으면 자신에 대한 공격이라고 여기기 쉬운 한국 문화에서 동료 간에 자유롭게 피드백을 주고 받을 수 있는 마음가짐은 하루 아침에 생기지 않습니다. 따라서 심리적 안전감은 시간을 두고 팀 전체가 신중히 쌓아가야 합니다.

심리적 안전감은 자신이 개진한 의견들이 무시당하거나 비난받지 않는다는 믿음도 작동해야 하지만 반대로 자신도 타인의 교정적 피드백을 받았을 때 이를 감정적으로 받아들이지 않고 이성적으로 숙고해볼 수 있는 마음을 포함합니다. 결국 이는 자신을 포함한 누구나 언제든지 틀릴 수 있고 실수할 수 있다는 것을 인정하는 것이며 이런 것을 꺼내는 것도 조직에서 두려워하지 않는 것입니다.

맨 먼저 팀원 간 신뢰가 형성되어야 합니다. 신뢰는 짧은 시간에 갑자기 쌓이는 것이 아니므로 솔루션이 간단하지는 않지만 팀원 서로에 대해 충분히 알고 서로의 배경, 가치관 등의 차이점과 공통점을 발견하고 각자의 업무에 대한 전문성, 책임감 있는 태도를 인정하며 동시에 양질의 협업 경험들을 쌓아갈 때 자연스럽게 형성됩니다. 서로를 겪어가며 교감하고 연민을 가지게 되는 것도 좋은 팀워크를 형성하는 데 결정적인 계기가 됩니다. 서로 이해하기 위한 1on1 면담 시간, 워크숍 시간을 가질 것을 권장하는 이유도 여기에 있습니다.

리더가 팀에 부임해 심리적 안전감을 조성하기 위해 할 수 있는 일은 앞에 나온 방식으로 1:1 면담, 상호 이해 워크숍 미션 설정, 협업 경험을 유도하며 신뢰를 쌓아갈 수 있는 기틀을 만들며 팀의 이상적인 이미지를 함께 그려간 후 구성원 간 또는 리더와 구성원 간 상호 업무 성찰과 피드백이 일상처럼 일어날 수 있는 장치들을 만드는 것입니다. 결국 심리적 안전감이 잘 작동하려면 건전한 토론 문화가 정착되어야 합니다. 필자가 매주 반복하며 습관처럼 만든 업무 공유 시간(AAR, FIKA, Work Sharing Session) 등의 워크숍은 모두 상호 토론 문화를 정착시키려는 일련의 노력입니다. 상대방의 의견에 동의한다면 적극적인 공감과 긍정적인 피드백을 할 수 있는 논의의 장을 마련하고 부정적인 견해와 교정적인 피드백들이 오가더라도 이를 수용할 수 있는 태도가 만들어질 수 있도록 장려해야 합니다. 업무 현장과 회의 속에서 의견 교환과 토론이 자주 일어나게 만든다면 처음에는 팀원들이 피로감을 가질 수 있지만 토론을 통해 발전적인 논의를 해본 경험들을 통해 익숙해질 것입니다.

구성원들에게는 자유로운 의견 개진을 권장하지만 리더는 토론 등의 회의 장면에서 의견을 개진할 때 가능한 한 개진된 의견들에 대해 긍정적인 제스처와 피드백을 표현할 수 있도록 해야 합니다. 일부 동의하지 않는 의견이더라도 그 의견 중에 공감되는 작은 점이라도 먼저 표현해 팀원을 독려해 주며 시작하거나 전반적으로 다른 생각을 가지고 있더라도 그렇게 생각할 수도 있음을 인정함을 먼저 표현하고 용기를 내 이야기해주는 것에 대한 감사함을 표현할 수도 있습니다.

또한, 회의 장면에서 나온 의견과 판단들을 실제 개인의 성과 평가에 반영하거나 불이익을 주지 않는 것도 중요합니다. 리더의 종합적인 의견을 전해야 하는 자리라면 가능한 한 마지막에 전하고 동료 간뿐만 아니라 리더도 자신에 대한 피드백을 팀원들에게 직접 적극적으로 요구해볼 수도 있습니다.

6.5 팀워크를 저해하는 직원 피드백하기

이러한 환경 조성과 리더의 노력에도 불구하고 팀 차원의 협업에는 소극적이며 함께 협업하는 상황에서 책임을 회피하는 팀원이 있을 수 있습니다. 이때 리더는 정확한 사실을 바탕으로 바람직하게 생각하는 행동을 그 팀원에게 언지해주는 것이 필요합니다.

다만, 공개적인 자리에서 피드백을 진행하면 그 팀원에게 역효과가 일어날 수 있습니다. 그 팀원과 1:1 면담을 요청하고 요즘 근황, 최근 우려했던 행동들을 사실에 기반해 조심스럽게 면담 주제를 꺼냅니다. 그런 행동이 나타난 이유와 배경 등을 먼저 물어보고 팀원의 생각을 확인하는 것이 좋습니다.

리더가 미처 알지 못한 사실이 있거나 오해하고 있는 면이 없는지 알아보기 위해서입니다. 면담에서 방어적으로 나올 수도 있지만 때에 따라서는 이유가 있을 수 있습니다. 자신의 업무가 과중하거나 다른 팀원들과 친밀감을 갖지 못하는 등의 어려움을 호소할 수도 있습니다. 이때는 리더가 직접 업무 조율 또는 팀원들과 좀 더 상호 업무 보완이 가능하며 상생이 잘 맞는 팀원들과 함께 일할 수 있도록 배정하거나 조율하는 등의 역할을 약속해야 합니다. 이후 리더가 중요하게 생각하는 팀의 방향성과 팀십의 중요성을 표명하고 업무 상황에서 바람직하게 생각하는 구체적인 협업 행동을 정확히 언급해주며 유사한 일이 생기지 않도록 부탁하는 것이 좋습니다.

면담 여부보다 더 중요한 것은 면담 타이밍입니다. 애써 생기려는 팀십에 이기적으로 자신의 성과만 챙기는 직원들은 리더가 다양한 노력을 통해 순차적으로 쌓아온 팀워크를 소리없이 갉아먹을 수 있습니다. 따라서 정확한 행동과 양상이 보이면 사실 관계를 관찰한 후 늦지 않게 피드백해주는 것이 중요하며 개선 행동을 합의하며 지속적인 관찰과 후속 면담을 가지는 것이 필요합니다.

6.6 함께하는 즐거운 루틴 만들기

앞에서 언급했듯이 팀워크는 구성원들이 함께 다양한 시간과 경험을 공유하면서 자연스럽게 서로의 숨은 빙산을 알게 되며 서로 공감대를 형성하고 협업 경험을 쌓아가며 만들어집니다. 하지만 현재 팀원의 자율성에 기반을 둔 일하는 방식 속에서 재택근무를 하면서도 근처에서 동시간대에 근무하지 않고 계속 끈끈한 교감을 유지하기는 쉽지 않습니다.

연인과 결혼하고 부부가 되면 함께하는 상황은 일상으로 변모해 곧 이 일상에 익숙해집니다. 이럴 때 결혼기념일, 부부의 생일, 아이의 탄생 기념일 등 기념일들을 챙기는 일이 다소 작위적일 수 있지만 소소하게나마 식사를 하는 등의 의미를 부여함으로써 부부로서의 의미를 다시 일깨워줄 수 있으며 단조로웠던 일상에 활력이 되고 관계가 재인식되는 윤활유 역할을 하기도 합니다.

팀도 마찬가지입니다. 지금처럼 예전과 같이 자연스럽게 한 곳에서 근무하지 않는 환경이라면 과하지 않을 정도의 팀 단위의 즐거운 루틴을 의례적으로 만들어보는 것이 필요할 수 있습니다. 쉽게 시작할 수 있는 것으로는 팀원들이 부담되지 않는 선에서 횟수를 자주 가져가지는 않되 분기별이나 반기별로 팀원들 간 점심시간을 활용한 이벤트들을 만드는 것(함께할 수 있는 원데이 클래스)을 해볼 수 있습니다.

또는 팀원 생일에 소소한 축하 이벤트(비대면으로도 가능한 방식을 고안해도 좋다), 계절별로 제철 음식을 먹는 점심식사를 함께 만들거나(다년간의 교육 행사 경험을 통해 느낀 것은 맛있는 식사만큼 효과적인 것은 없다) 팀원의 취미를 동료들이 함께 공유해보고 체험해보는 이벤트 등을 만들어볼 것을 권합니다.

- 팀원의 취미 생활 체험하기(운동, 취향 등의 체험)

- 월간 원데이 클래스 해보기(점심시간 등 활용)

- 생일인 팀원을 축하하는 작은 행사

- 계절별 제철 음식 함께 먹기

활동은 주기적으로 기념일(생일), 계절별, 월간, 입사·퇴사 등을 기점으로 만들고 리더가 선호하는 방식보다는 팀원들이 선호하면서도 모두 부담이 크지 않은 활동 위주로 의견을 수렴해본다면 팀원들의 기호가 반영되어 참석률이 높은 즐거운 팀 루틴을 만들어갈 수 있습니다.

6.7 마무리하며: 팀워크는 팀 성공의 핵심

결국 팀원 개개인도 중요하지만 서로 어떻게 상호작용하고 시너지를 내는가가 성공적인 팀을 이끌어가는 핵심이 될 수 있습니다. 팀워크가 잘 조성되었을 때 도전의식과 혁신도 일어나기 마련입니다. 그러기 위해 팀이라는 소속감을 형성하고 팀의 목표를 함께 만들며 각 개인의 성향과 특징, 장점을 정확히 이해하는 것을 바탕으로 업무를 배분하고 협업 기제를 만들고 그라운드룰, 의식을 차례대로 형성해가며 팀워크를 향상시켜 간다면 이는 팀의 성과 창출에 큰 지지 기반이 되어줄 것입니다.

효과적인
조직운영을 위한
팀장의 역할

7

회사의 목표와 일치시키고
팀원들을 리딩하는 팀장들

- "우리 회사(팀)는 전략과 목표가 없어요"
- "인사 평가가 주먹구구식이고 평가는 임원, 팀장 마음대로 하는 것 같아요"
- "인사시스템을 바꾼다는데 왜 바꾸는지 이해 못하겠어요"

혹시 여러분의 조직에서는 조직문화 진단이나 HR 관련 인터뷰, 설문조사를 실시할 때 위와 같은 이야기들이 나오고 있지는 않나요? 저 이야기들은 모 기업에서 조직문화 진단 때 주관식으로 다수 언급된 인사부서 직원들의 의견이었는데 지금 우리 조직에서도 비슷한 이야기를 들을 수 있다면 팀을 이끄는 팀장들 입장에서는 무엇을 어떻게 해야 할지 함께 고민해야 할 것입니다.

일반적인 조직(5명 이하 소규모 조직이 아니라면)에서는 대부분 업무평가 또는 성과평가라는 이름으로 목표를 수립하고 연말이면 그 목표대비 달성도를 리뷰하면서 고과로 랭킹을 매기거나 성과급을 지급하는 데 활용하는 '평가'를 하는 곳이 대부분일 것입니다. 그렇다면 대부분의 조직에서 목표를 세우고 연말에는 그 목표에 따라 평가하고 있는데 팀원들은 왜 저런 말을 하는 걸까요? 어찌 보면 우리는 지속적인 성과관리를 위한 평가가 아니라 그저 연말에 숙제처럼 한 번 순위를 매기는 이벤트로서 평가를 하고 있기 때문일 것입니다.

지금 여러분의 팀에서는 연초 목표 수립을 하거나 연말에 경영계획을 작성할 때 팀장과 팀원들이 서로 어떤 대화를 나누나요? 어떤 부서에서는 작년에 했던 일을 바탕으로 올해 1~2가지만 추가해 목표를 수립하고 있을 것이고 또 다른 영업부서에서는 메인 고객사의 생산계획 또는 구매계획을 취합해 그것을 기반으로 영업 매출 목표를 세울 것이고 극히 일부에서는 회사의 전략목표를 기반으로 우리 팀이 해야 할 일을 재정의하고 그것을 바탕으로 무슨 일을 왜 해야 하는지를 목표로 세우는 팀이 있을 것입니다. 여러분의 팀은 지금 어떤 모습인가요?

작년에 반복되는 업무에서 연장되는 일을 하거나 메인 고객사의 니즈만 전부인 양 목표를 수립하는 경우에는 최근의 빠른 경영환경에서 우리 회사가 생존하기 위해 변화해야 하는 시점에 현업의 팀 단위 조직에서 능동적 대처가 어려울 것임은 쉽게 짐작할 수 있을 것입니다. 그래서 팀장은 우리가 하는 일의 디테일을 챙기는 전문성을 바탕으로 회사와 외부 경영환경의 변화에 대해서도 민감하게 대응할 수 있도록 팀의 성과 목표를 회사 전체의 전략 방향(목표)과 일치시키고 그 내용을 팀원들과 끊임없이 소통해야 합니다. 비행기가 목적지를 향해 날아갈 때 직선으로 비행하는 것이 아니라 끊임없이 목적지를 맞추기 위한 상태를 유지하듯이 외부 경영환경을 극복하려는 회사의 전략목표에 맞추어 우리 팀의 목표도 계속 조정해 나가야 한다는 것이죠.

이를 위해서는 그동안의 연 1회 또는 상·하반기 연 2회 업적평가 방식으로 제대로 된 성과관리를 통해 그 팀을 리딩하는 팀장의 역할이 더 중요해지는 시점입니다. 많은 조직에서 업적평가를 바탕으로 성과급이나 승진 기초자료로 활용하다 보니 실제 성과나 조직의 목표를 위한 도전의 모습이 아니라 달성 가능하고 타협이 가능한 평가관리 형태로 운영되어 직원들이 "우리 조직은 전략도 목표도 없고 평가는 주먹구구식이다"라고 말하고 있다고 생각됩니다.

그렇다면 우리 팀장들은 팀원들을 대상으로 어떻게 성과관리를 해야 할까요? 우선 우리가 자주 접하는 성과평가와 성과관리를 구분해보고 제대로 된 성과관리를 위한 방법을 확인해보겠습니다.

먼저 우리가 인식하는 성과평가 또는 업적평가는 이미 나온 성과를 기반으로 특정 시점의 대상자 간 우열을 가리고 그 결과로 보상(성과급), 승진, 선발(육성 및 파견) 등에 활용되는 '고과'를 산정하는 것으로 정의할 수 있습니다. 즉, 성과평가는 평가 자체가 가장 큰 목적으로 그 기간 동안의 성과 결과를 통해 평가자가 일방적으로 판단한 결과를 피드백해주는 것이 특징이라고 할 수 있습니다.

반면, 성과관리는 특정 시점의 성과를 측정·평가하는 것이 주 목적이 아니라 진행되는 과정을 관리함으로써 지속적인 성과를 향상시키려는 프로세스라고 정의할 수 있습니다. 이를 위해서는 지금 하는 일(과제, 프로젝트 등)의 진행사항 및 문제점에 대한 팩트를 확인하고 상호 의사소통과 합의를 통해 더 나은 성과창출을 위한 목표를 재조정하고 진행하는 단계라고 볼 수 있습니다.

간단히 다음 [표-1]과 같이 성과평가와 성과관리를 정리할 수 있습니다. 성과평가와 성과관리의 가장 큰 특징을 정의해보면 성과평가는 연 1회 또는 반기 1회 실시하는 이벤트 성격의 행위이고 성과관리는 지속적으로 상호 피드백을 주고받는 프로세싱의 단계입니다. 이는 우리가 조직의 성장과 더 효과적인 성과창출을 위해 집중해야 할 지점이 평가가 아니라 성과관리라는 점을 알 수 있으며 이 성과관리의 핵심은 바로 각 조직을 책임지는 팀장들의 리더십의 영향을 받을 것입니다.

[표-1] 성과평가 vs 성과관리 비교

구분	성과평가 (Performance Appraisal)	성과관리 (Performance Management)
목적	• 평가(고과) 결과 산정 • 랭킹 시스템이 일반적	• 지속적인 성과향상이 목적 • 상호 피드백을 통한 목표 재조정 등
평가 주체	• 평가자(팀장, 임원, 대표이사) 중심	• 평가자-피평가자 상호 소통
시기	• 연 1회 또는 반기 1회(회사별로 다양)	• 분기별 또는 월별 진행

운영 방식	• 연초 목표수립 대비 달성도 중심 평가 • 평가자에 의한 판단 • 톱다운 방식의 피드백	• 성과향상 방법 도출 중심의 의사소통 • 팩트 중심으로 성과향상 포인트 논의 • 쌍방향 의사소통으로 목표 변경 가능

우리나라는 아니지만 미국 갤럽의 Leadership & Management Indicator[4] 에 따르면 목표수립(Goal Setting)에 참여하고 있다고 강하게 동의(Strongly Agree)하는 비율은 24%라고 합니다. 또한, 자주 피드백을 받고 있다고 말한 비율도 24%이고 본인의 강점을 개발하도록 지원받는다는 응답은 22%에 불과합니다. 제가 경험한 기업들의 경우, 목표 수립과 평가 때 평가시스템에서 입력하면서 피드백(면담 결과 또는 시스템 내 의견 입력 방식)을 반드시 입력하도록 구성한 곳이 많습니다. 이러한 시스템 구성만 본다면 그 기업들은 100%에 가까운 목표수립 과정에서 피드백을 받고 있다고 인식될 수 있지만 실제 조직문화 진단이나 평가제도와 관련해 직원들과 면담해보면 평가에 대한 불신, 피드백 부재를 자주 말하고 있습니다. 그중 대표적인 답변들이 '형식적인 면담' 또는 '답정너 형태의 피드백'입니다. 절차적으로는 시스템에 충분히 반영되었더라도 실제로 그 피드백이 어떻게 운영되느냐에 따라 팀원들이 느끼는 피드백의 질은 큰 차이가 날 것이라고 생각하며 이는 앞에서 미국 기업의 설문 결과와도 크게 다르지 않다는 생각이 듭니다. 그렇다면 조직을 맡은 리더이자 팀장인 우리가 팀원들의 목표 수립을 비롯한 성과관리를 어떻게 하고 어떤 역할을 해야 할지에 대해 이야기해보겠습니다.

---

4. GALLUP Indicators Leadership & Management - https://www.gallup.com/404252/indicator-leadership-management.aspx#ite-508463

첫째, 팀 목표 수립에 팀원을 적극적으로 참여시키고 팀원 각자의 업무 목표와 역할이 팀 목표와 어떻게 연결되고 어떻게 기여하는지 정확히 이해하고 함께 목표를 수립해야 합니다. 성과관리를 시작하면서 우리는 조직의 목표를 수립하게 되며 우리 팀원들이 하는 일들을 우리 조직(팀)의 목표와 일치시키는 합의 과정이 필요해집니다.

이미 수립된 목표에 배분해주는 과정이 아니라 우리 팀원들이 팀 전체의 목표를 달성하는 데 자신이 어떤 역할을 하게 되고 어떤 결과물로 기여하게 되는지를 이해할 수 있어야 합니다. 예를 들어, 인사팀에서 조직문화 개선(○○점 향상)을 팀 목표로 가져간다면 단순히 조직문화 담당자가 팀장과 동일하게 '조직문화 진단 점수 ○○점 향상'이라고 옮겨 적는 것이 아니라 팀 전체 구성원들이 인사팀이 하는 업무와 관련해 조직문화활동에 속하는 업무를 도출하고 팀 전체가 그 목표를 위해 공감하고 개인의 목표에도 반영하도록 하는 것을 의미합니다. 교육담당자라면 조직의 비전을 교육과정에 어떻게 녹여내 조직문화에 스며들게 할 것인지, 채용담당자라면 우리 조직과 결이 맞는 지원자를 어떻게 선발할 것인지 고민하는 것입니다. 이렇게 개인들의 목표를 수립해 나가는 과정에서 도움이 필요한 사항에 대해 팀장이 지원해줄수 있는 방안을 함께 모색하고 소속 팀원들이 실행할 수 없는 과도한 목표라면 다른 방법을 찾거나(인원을 보충하거나 다른 팀의 도움을 받는 등) 목표를 수정해야 합니다.

둘째, 팀원들 스스로 자신이 수행하는 일(직무)의 과정과 결과물이 팀이나 회사에 어떤 영향을 미치는지 명확히 이해해야 합니다. '내가 하는 일에 대해서는 그 누구보다 내가 더 잘 알고 있어!'라고 모두 생각하실 것입니다. 그렇게 생각하는 것이 맞지만 여기서는 재무회계 담당자라면 단순히 각 부서에서 올라오는 전표의 대차대조만 보는 것이 아니라 계정처리에 따른 세무 이슈 및 향후 결산 때 문제점은 없는지까지도 생각해 업무를 수행해야 한다는 점을 말씀드리는 것입니다.

즉, 내가 하는 일이 팀과 회사 전체에 어떤 기여를 하는지 이해하고 업무를 수행해야 하며 팀장은 팀원들이 이를 더 명확히 인지할 수 있도록 도와주어야 합니다. 단순히 팀원 개인의 일이나 업무를 배정하고 그 일을 하라고 지시하는 것이 아니라 우리 팀에서 수행하는 일의 의미와 영향력을 제대로 알고 일해야 성과에 대한 깊은 고민과 해결책을 찾아나갈 수 있을 것입니다.

셋째, SMART[5] 기반으로 성과목표를 수립하고 팀원들이 측정 방법에 대한 의견을 제시하도록 합니다. 성과관리의 핵심은 쌍방향 의사소통입니다. 이를 위해서는 우리가 목표를 세우고 중간에 진행 상황을 점검하는 과정에서 정확히 어떤 상태로 진행되는지 상호 동일한 팩트로 확인할 수 있어야 하는데 그 기반은 바로 구체적이고(Specific) 측정 가능하며(Measurable) 달성 가능하고(Achievable) 현실적이며(Realistic) 시간제한(Time-bound)이 있는 SMART한 목표여야 서로 의사소통하는 데 무리가 없을 것입니다. 예를 들

---

5. George T. Doran이 1981년 11월 Management Review에서 처음 제안한 용어로 Specific, Measurable, Assignable, Realistic and Time-related의 앞글자를 따 SMART라고 명명했다. 일반적으로 Specific, Measurable, Achievable, Realistic and Time-bound로도 사용한다.

어, 측정 가능하지 않은 지표의 경우, 지금 제대로 수행하고 있는지는 팀장의 감(感)에 의한 판단과 그 직무수행자의 생각 차이로 의사소통이 아니라 각자의 주장만 가능하기 때문입니다. 또한, 목표를 수립하거나 중간점검을 실시할 때 팀장은 그 직무를 수행하는 팀원들의 의견을 존중해 도와줄 부분과 수정이 필요한 부분을 구분해 조직 전체의 성과를 달성할 수 있는 방법을 항상 생각해야 합니다.

[표-2] SMART 원칙

Specific (구체적으로)	• 기대되는 목표의 결과가 구체적이고 명확해야 함
Measurable (측정 가능한)	• 목표는 정량적으로 측정 가능해야 함. 다만, 정성적 지표의 경우에는 측정 기준에 대해 객관적으로 이해하고 상호 합의할 수 있는 목표여야 함
Achievable (달성 가능한)	• 구성원의 능력 내에서 달성할 수 있는 목표수준이어야 함(그 구성원의 직무와 연계된 목표여야 함)
Realistic (현실적인)	• 조직의 여건(역량) 내에서 추구 가능한 목표여야 함 비현실적 목표나 통제 불가능한 목표는 성과관리가 불가능함
Time-bound (시간제한이 있는)	• 언제까지 달성할 것인지 구체적인 기한을 설정하되 장기목표와 단기목표로 구분함

우리가 많이 알고 있는 SMART와 관련해 영업부서에서는 쉽게 적용하지만 경영지원 같은 스탭부서에서는 어떻게 성과목표를 설정해야 할까요? 어쩌면 루틴한 업무이면서 가장 기본적인 업무로 매번 목표설정에 어려움을 겪는 재무부서의 예를 살펴보겠습니다.

[예시: '재무회계 전표업무 효율화' 목표에 관하여]

A 회사의 회계팀을 맡고 있는 홍 팀장은 매번 월 마감을 하면서 현업에서 월말에 몰려 많은 전표를 올리고 그 결과, 소속 팀원들이 매번 야근을 하면서 힘들어하는 모습에 프로세스를 개선하고자 합니다.

단순하게 보면 전표를 처리하는 일이지만 이 결과가 결국 회사의 세무자료나 경영관리 재무제표상 기초자료로 활용되기 때문에 홍 팀장은 프로세스를 개선해 야근을 줄이면서도 전표처리상 오류를 줄이는 방안을 찾아보고자 합니다.

실제 현업 부서의 법인카드 및 여러 세금계산서, 일반 전표 등의 처리 시점을 확인해 보니 현업 팀에서 내부 처리를 하는데 실제 발생한 시점에 하기보다 잊고 있다가 월 마감 때 무수히 많은 전표를 현업에서 처리한 결과, 현업 팀장도 자세히 검토하지 않은 채 현업 결재를 하면서 오류도 끊이지 않은 상태라는 것을 알아냈습니다.

그래서 홍 팀장은 같은 회계팀 팀원들과 협의해 '재무회계 전표업무 효율화'라는 목표를 수립하고 성과관리 리더십 시간에 배운 SMART 기법을 활용해 정확한 목표 설정 및 개선 방법을 추진하고자 합니다.

첫째(Specific)는 이 과제의 구체적인 목표로 전표 처리 오류와 야근 시간을 최소화해 전표처리 업무 일정을 단축하는 것입니다.

둘째(Measurable)는 더 구체적이고 측정 가능한 지표들로 계정오류 횟수, 처리 기간, 월기간 중 기간별 전표처리 수 등을 확인하고 목표 시간을 '월 마감 잔업시간 20시간 → 잔업시간 0으로 감축' 등과 같이 측정 가능한 내용으로 전환하는 것입니다.

셋째(Achievable)는 어떤 방식으로 업무 프로세스를 개선하거나 전산화해 월 마감에 집중되던 업무를 분산할 수 있는지 확인하고 이것이 우리 회계팀의 역량으로 실현 가능한지 확인하는 것입니다.

넷째(Realistic)는 우리가 하려는 일(현업에서 카드전표 등 발생 즉시 처리 등)이 전사적으로 확대해 시행 가능한지, 누구의 도움을 받아야 하는지 검토해 필요하다면 부문장 등 경영진의 도움을 받아 전사 캠페인 형식으로 추진할 부분도 미리 준비하는 것입니다.

마지막 다섯째(Time-bound)는 단기적으로 회계팀 내부 프로세스를 정비하고 임직원 홍보를 통해 현업 전표 발생 때 바로 전표 처리가 이루어지도록 안내하고 장기적으로 회계시스템 업그레이드를 통해 변경된 사항들이 자연스럽게 시스템화되도록 하는 것입니다.

이를 통해 홍 팀장은 단기적으로 월별·분기별로 각 팀들이 현업 전표를 처리하는 기간을 모니터링하고 지속적으로 현업에 피드백하는 노력을 통해 경비처리하는 프로세스를 안착시키도록 노력하는 동시에 시스템상에서도 프로세스 업데이트와 더불어 지연되는 전표에 대한 알람 메시지 송부 등으로 사람의 노력이 아닌 자동화된 시스템을 통한 업무효율화를 이루는 성과를 거두었습니다.

넷째, 맡고 있는 팀이 지속적으로 성과를 달성해 나가기 위해서는 팀원들이 일을 통해 성장해 나갈 수 있도록 팀장이 책임져야 합니다. 조직의 목표를 향해 업무를 수행해 나가는 과정에는 팀원들이 무엇을 새로 배우는지, 그 지식이 조직 내에서 어떻게 공유되고 조직(팀) 전체의 이익으로 치환될 수 있을지 고민해야 합니다.

새로운 프로젝트를 진행할 때 이미 역량이 충분한 직원을 통해 성과를 내는 것도 중요하지만 팀 내 다른 인원을 새 프로젝트에 포함하고 그 과정 속에서 지속적인 코칭과 업무 지원을 통해 그 팀원이 일을 통한 성장이 이루어질 수 있도록 도움을 주어야 합니다.

예를 들어, 단순히 급여지급 업무만 수행하던 주니어 사원이라면 인사제도 개선 프로젝트를 진행할 때 보상 파트를 담당하게 해 '인건비 추이분석, 직무별 경쟁사 및 선진기업 임금동향 조사, 사업계획에 따른 보상경쟁력 분석' 등의 업무를 새로 할 수 있도록 업무를 배분하고 각 업무 수행을 통한 상호 피드백으로 업무 역량이 향상될 수 있을 것입니다.

이러한 내부 프로젝트 등이 충분하지 않을 경우에는 외부교육이나 팀 내 직무순환을 통해 새로 직무를 확장해 역량이 향상될 수 있도록 도움을 줄 수도 있습니다. 이 모든 과정이 결국 조직의 성과와 팀원들의 성장이 함께하는 길이라고 생각합니다.

마지막으로 성과관리는 지속적으로 반복되는 프로세스라는 점을 잊지 않는 것입니다. 연초에 목표를 수립하고 6월말 중간에 점검하고 연말에 결과를 돌아보며 성과평가를 하는 것이 아니라 연초에 목표를 수립한 이후 정기적으로(보통 길어야 분기 1회, 가능하면 매월 진행하는 것이 바람직하다) 성과 과정을 리뷰하고 어느 지점에서 업무 진행에 문제점이 있는지, 어느 부분에서 잘 진행되는지를 확인해 팀원들이 업무를 수행하는 것을 지원해주어야 합니다. 단순히 진행 경과를 체크하는 것이 과정관리가 아닙니다.

일정상 문제가 없는 과제의 경우, 더 좋은 방법은 없는지, 잘되는 이유나 새로 알게 된 지식을 팀 내 다른 사람들에게 어떻게 공유해 더 좋은 성과를 낼 수 있을지 함께 모색하는 것이 바로 성과관리를 하는 이유입니다.
성과관리는 조직의 목표를 지속적으로 달성하기 위해 끊임없이 소통하고 더 좋은 방법을 찾아 성과를 더 향상시키는 일련의 과정입니다.

이 과정에서 앞에서 말씀해드린 성과관리 프로세스를 생각하면서 업무를 실행하는 팀원들이 힘들어하는 부분, 지원이 필요한 지점을 명확히 바라보고 그 대안을 준비해 지원해주는 역할과 더불어 팀의 의견을 상위 조직장에게 전달해 조직 내 지원을 끌어내는 양방향 소통 역할이 필요합니다.
그래서 성과관리의 핵심은 팀장의 리더십이며 그 근간에는 양방향 커뮤니케이션을 리딩하는 팀장으로 변모할 때가 있다고 생각합니다.

7.1 성과가 좋은 팀과 성장하는 팀, 우리는 어떤 팀을 지향해야 하는가?

지금 당신이 일하고 있는 조직은 성과가 좋은 팀인가요? 아니면 같이 일하는 팀원들이 함께 성장하고 있는 팀인가요? 물론 우리가 일하는 모든 조직(팀)들이 일하면서 구성원 모두 함께 성장하고 그 성장을 바탕으로 성과까지 좋다면 금상첨화일 것입니다. 현재 당신이 일하고 있는 조직은 어떤 모습인가요?

우리 주변에서 "A팀은 성과는 좋은데(일은 참 잘하는데) 직원들이 너무 힘들어해", "B팀은 그저 팀원 각자 모아놓은 성과만 나오는데 C팀은 뭔가 부족한 친구들이 모인 것 같은데 계속 성과를 내네"라거나 "D팀은 그저 분위기만 좋아"라는 말을 자주 들어보셨을 겁니다. 어떤 팀은 팀장의 하드 캐리에 따라 성과가 제법 나오지만 그 구성원들이 항상 힘들어하며 어느 시점에서 일부 직원이 이탈(퇴사)하는 경우도 자주 발생합니다.

반면, 어떤 팀은 구성원 개개인을 보면 뭔가 특A급 핵심인재가 모인 팀은 아니지만 내부적으로 협업하고 상호 커뮤니케이션을 하면서 기대치보다 나은 성과를 냅니다. 물론 그 팀을 자세히 보면 어느 순간 평범한 인재였던 사람들이 점점 더 핵심인재처럼 성장하는 모습이 보일 때도 있고요. 팀을 운영하면서 이런 차이는 왜 발생할까요? 단순히 그 팀을 맡고 있는 팀장 개개인의 역량이나 개인적 특성에 따른 어쩔 수 없는 차이일까요? 아니면 시스템적 관점에서 뭔가 효과적인 방법이 있는 것일까요?

특정 시점에서 "성과가 좋다", "일을 잘한다"라는 평가는 그 팀의 근원적 역량이 좋다는 의미도 있지만 상황적으로 시점이 잘 맞아 나타나는 현상일 수도 있습니다. 즉, 경기가 회복되는 시점에서는 과거와 다를 바 없이 일해도 영업부서의 경우, 매출 실적이 늘어날 수 있다는 것이죠. 우리가 바라는 효과적인 팀의 모습은 경영환경의 변화에 유기적으로 대응하면서 지속적인 성과를 창출하는 팀이라고 정의할 수 있습니다.

이러한 지속적인 성과를 창출하기 위해서는 단순히 특정 시점에 성과를 내는 것이 중요한 것이 아니라 팀장과 구성원 모두 성장하며 일해나가는 것이 더 중요합니다.

우리가 성장해 나간다는 것은 단순히 외부에서 바라볼 때는 더 많은 범위의 일을 할 수 있고 더 많은 권한과 책임을 갖는 자리로 승진해 나가는 모습을 생각할 수 있습니다. 하지만 현실에서 매일 승진이나 일의 변화가 크지 않아 그런 변화가 쉽게 눈에 띄지 않죠. 그렇다면 일하면서 성장해간다는 점은 어떻게 구분할 수 있을까요? 인사업무를 해오면서 다양한 조직장들을 만나고 그들이 일하는 것을 지켜보았을 때 경험적으로 내부 구성원을 성장시키면서 성과를 내는 팀장들은 몇 가지 특징이 있었습니다.

첫째, 회사의 전략 방향에 맞추어 팀의 목표를 명확히 설정합니다. 단순히 기존 역할과 책임(R&R)을 기계적으로 수행하는 것이 아니라 그 목표를 어떻게 달성할 것인지에 대해 팀장이 항해사와 같이 방향을 잡고 팀원들을 이끌어 가는 것입니다. 예를 들어, 경영환경의 변화로 회사의 사업전략이 큰 변화를 하게 된다면 우리 팀장들은 어떤 일을 해야 할까요? 인사팀이라면 사업의 방향성을 면밀히 확인하고 가장 중요하게 준비하는 것은 회사 내에 그 사업을 추진할 인재들이 있는지 확인하고 3~5년 후까지 예상하고 채용 전략을 수립하는 한편, 기존 사업에 있는 직원들을 어떻게 재배치해 활용할 것인지에 집중해 회사의 목표를 달성하고자 할 것입니다.

또한, 홍보팀이라면 단순히 언론보도에 대응하는 모습이 아니라 왜 지금 우리 회사의 전략변화가 필요하고 우리 회사의 방향성이 어디로 가고 있는지 대외(언론) 홍보활동을 하는 동시에 내부 직원들이 바뀐 전략을 쉽게 이해하고 실행할 수 있도록 커뮤니케이션을 하는 역할도 수행할 수 있는 것입니다. 즉, 성과를 내는 팀의 팀장들은 경영환경에 따라 변화하는 회사의 전략에 맞추어 소속 팀의 전략을 일치시키고 방향성을 조율해 일하며 그 과정에서 팀원들이 두세 번 반복적으로 일하지 않도록 길잡이 역할도 잘해 나갑니다. 누군가가 시킨 일을 해나가는 사람이 아니라 회사의 전략실행에 함께 걸어갈 준비를 해나가는 팀장들이 성과를 내고 있는 것이죠.

둘째, 맡은 일의 전문가이지만 모든 일을 하지 않습니다. 네, 그 조직의 팀장들은 본인이 담당하는 조직의 일에 대해 회사(조직) 내에서 그 누구보다 잘 아는 전문가이지만 팀원들이 해나갈 때 미주알고주알 모든 항목을 지시하면서 일하지 않는다는 점입니다. 본인이 직접 하는 것에 비해 분명히 업무 속도가 느리고 때로는 실수가 많이 발생하더라도 큰 틀에서 가이드를 주고 팀원 스스로 고민하고 자기 일로 만들어 가는 과정을 지켜봐 주는 모습을 자주 보여줍니다.

셋째, 그 누구의 의견도 무시하지 않습니다. 조직 내에서 팀장을 맡긴다는 것은 이 분들이 그 조직 내에서 그 분야의 전문가일 확률이 높습니다(경영자 육성을 위해 보직을 순환하는 경우도 일부 있지만 대부분의 조직은 전문성을 기반으로 그중에서 리더를 팀장으로 선임하는 경우가 대부분입니다). 성과를 지속적으로 내는 팀장들은 본인의 분야에 전문성이 있지만 본인이 모든 것을 다 알고 있다는 생각을 경계합니다. 그래서 상사의 의견뿐만 아니라 팀원과 이해관계자들의 의견을 폭넓게 듣고 다양한 관점에서 검토하고 의사결정을 내리기 때문에 일을 추진할 때 많은 사람들의 지원을 받고 그 결과가 성과로 연결된다고 볼 수 있습니다.

넷째, 타인의 행동 변화를 끌어내며 이를 바탕으로 성과를 확대합니다. 전략의 방향성, 전문성, 커뮤니케이션 역량을 바탕으로 소속 팀이 해야 할 일들에 대해 실행 가능하도록 독려하며 그 결과로 팀 전체의 성과가 커지도록 노력하는 모습을 자주 보여줍니다. 사실 이러한 과정들을 반복하다 보면 팀원들도 자신의 업무 범위 너머까지 관점을 확대할 수 있고 그런 관점의 변화는 우리가 새로운 시도(도전)를 할 수 있는 계기를 만들어주며 그 과정에서 나타나는 문제점이나 애로점에 대해 서로 자유롭게 의사소통을 하며 리스크를 줄여나가기 때문에 결과적으로 좋은 성과를 내는 조직으로 탈바꿈된다고 생각합니다.

성과가 좋은 팀 vs 성장하는 팀

어찌 보면 뭔가 구분되고 차이가 나는 말로 생각할 수 있지만 우리는 팀장인 본인과 더불어 함께 일하는 팀원들까지 모두 성장하며 그 결과로 좋은 성과를 지속적으로 내는 팀이 되기 위해 오늘도 각자의 자리에서 최선을 다하고 있는 것입니다.

7.2 차기 팀장으로 누구를 육성할 것인가?

우리 팀이 지속적으로 성과를 내고 팀과 회사가 성장하기 위해 우리가 해야 할 일이 무엇인지 생각해 본다면 내가 떠난 이후 이 팀을 더 성장시킬 리더를 육성하는 것이 가장 중요한 일이라고 생각합니다.

아마도 몇몇 분들은 회사 내에서 승계 계획(Succession Plan)이라는 말을 들어보았을 것으로 생각되지만 사실 인사부서가 아닌 현업에서 이 용어를 사용하는 경우는 드물어 보입니다. 하지만 자신의 후임을 누구로 할 것인지 질문은 현장에서도 자주 나누는 대화일 것입니다. 여러분이 맡고 계신 조직(팀, 부, 그룹, 본부 등)과 관련해 생각해둔 후임자가 있나요? 생각해둔 후임자에 대해 인사부서에서도 여러분과 같은 생각을 갖고 있나요? 조직을 맡은 리더로서 우리 조직(팀)이 지속적으로 유지·성장하기 위해 후임자를 어떻게 육성할 것인지를 리더의 관점과 인사부서의 관점에서 함께 알아보겠습니다.

회사 전체로 본다면 CEO 후보군, 임원(특정 사업부장 등) 후보군, 중간 리더(팀장) 후보군 등으로 인사부서 주관으로 후임자 관리라는 명목으로 승계 계획을 수립해 체계적으로 후임자를 육성·성장시키면서 조직의 안정성을 확보하고 있는 회사들이 많습니다. 이런 승계 계획을 운영하는 데는 크게 3가지 관점에서 해야 할 일을 많이 구분하게 되는데 회사가 해야 할 분야, 관리자(팀장)가 해야 할 분야, 마지막으로 후임자로 검토되는 각 개인들이 해야 할 분야로 구분됩니다.

그럼 이러한 후임자 육성을 어떤 방식으로 할 것인지에 대한 프로세스 전반을 말씀드리겠습니다.

우선 회사(인사부서) 차원에서 해야 할 일을 먼저 이야기해보죠. 인사부서에서는 각 조직(팀)의 후임자를 선정하고 육성하는 데 적극적으로 개입하고 필요하다면 선정된 후임자를 회사 차원에서 성장시킬 방법을 모색해야 합니다. 그러기 위해 인사부서는 첫째, 각 조직의 전략과 목표에 맞추어 그 조직의 우수인재를 선별해 후임자 풀(Pool)을 만들어야 합니다.

이는 임원 후임자나 팀장 후임자 모두 동일한 컨셉으로 활용 가능하지만 우리가 집중하는 팀장 후보군 케이스를 보자면 대부분의 팀 조직이 인력풀이 제한된 경우가 많기 때문에 현업에서는 단순히 그 팀의 차석자를 팀장 후보로 추천해 육성하려는 의지가 강합니다. 하지만 인사부서에서는 단순히 그 팀의 차석자가 아니라 그 팀의 핵심업무를 효과적으로 수행하는 역량을 가진 후보군을 리스트업해 현업 팀장과 협의한 후 후보군 풀을 확정하는 단계가 반드시 필요합니다.

둘째, 인사부서는 회사 차원에서 임직원 역량개발을 위한 인프라를 구축해 놓아야 합니다. 이는 회사의 핵심역량 및 중요 직무에 대해 내부적으로 육성하고 필요할 때 적임자를 채용하기 위한 기초자료이기 때문입니다. 이렇게 구축된 역량진단, 개발 프로그램을 통해 직원들 스스로 평가하고 후보군 풀에 포함된 인원들에게는 체계적인 육성을 지원해줄 수 있다는 장점이 있습니다.

마지막으로 인사부서는 매년 지속적으로 그 풀 인력에 대한 리뷰를 실시하고 회사 차원에서 직무순환이나 신규 프로젝트 투입 등으로 경영진 후보자를 육성해 나가는 노력을 현업과 함께 진행하며 현업 팀장들이 어려워하는 부분에 대해 시스템적으로 지원해주는 역할을 해나가야 합니다.

그럼 현업 팀장이 그 팀의 후임자를 육성하기 위해 해야 할 일은 무엇일까요? 기본적으로 팀장은 본인이 맡은 팀의 업무 목표를 수립하고 실행하는 것과 더불어 팀 차원에서 팀원들을 어떻게 육성하고 인력 운영을 어떻게 할 것인지에 대한 계획을 수립해야 합니다. 단순히 올 한해 업무분장을 어떻게 하겠다는 단편적인 계획이 아니라 내부 팀원들이 성장해 나감에 따라 팀 내부 업무나 직무를 어떻게 순환시키면서 각자의 역량을 향상시킬 방법을 계획해야 합니다.

이를 통해 우리 팀이 수행하는 직무에 대한 전문성을 어떻게 향상시키는지에 대한 지식이 기본적으로 있어야 하며 그 직무 수행자가 어떤 업무(Task)나 어떤 프로젝트를 경험해야 직무 전문성이 향상될지를 알고 팀 인력 운영을 사전에 고민하는 노력이 필요합니다. 또한, 인사부서와 함께 자신의 후임자 풀을 리뷰하면서 그 팀원들의 역량개발 및 육성 가이드를 준비하며 팀원들을 멘토링할 수 있는 코치로서의 역할을 해야 합니다.

각 개인들은 어떤 준비를 해야 할까요? 사실 팀원 개개인들은 회사가 공식적으로 이런 승계 계획을 운영하지 않더라도 자신의 커리어를 어떻게 향상시킬지에 항상 관심을 가지고 있어야 합니다. 우선 승계 계획을 운영하는 회사라면 많은 회사들이 자기개발계획(IDP, Individual Development Plan)을 수립하게 됩니다. 앞서 인사부서가 준비해야 하는 역량개발 시스템이 회사에 있다면 그 역량시스템을 기반으로 자기진단해 본인의 현재 역량수준을 바탕으로 개인의 커리어 패스를 고민해볼 수 있지만 그런 시스템이 없는 회사도 많기 때문에 그 경우에는 본인이 생각하는 개인의 커리어 목표와 이를 위한 업무 및 직무순환 계획 등을 작성하면 됩니다.

예를 들어, 중소기업 인사팀 내에서는 채용, 인력운영, 보상, 급여·복리후생, 노사 등 대기업에서는 개별 직무로 구분되는 일들이 업무 단위로 나뉘어 수행되고 있을 것입니다. 이 경우, 현재 본인이 채용업무를 담당하고 있으면서 향후 인사팀장으로 커리어를 성장시킬 생각이라면 채용업무를 한 후 인력운영 업무도 해보고 노사업무나 향후 인사기획 업무 등으로 업무를 확대한 후 팀장으로 커리어를 올릴 생각을 해볼 수 있을 것입니다.

물론 대기업처럼 규모가 큰 경우에는 각 직무가 변경되기 때문에 직무순환까지 검토해볼 수 있을 것입니다. 또한, 경영지원부 부장으로 꿈을 더 키워본다면 인사업무를 어느 시점까지 해나가다가 재무부서로 옮겨 업무범위를 확장하는 것을 생각해볼 수 있습니다. 이런 개개인의 커리어 목표는 사실 소속 팀장과 미주알고주알 이야기 나누는 경우가 아니라면 팀장이 잘 모르는 경우가 많습니다. 따라서 개인들도 IDP를 작성한 후 소속 팀장과 IDP를 바탕으로 면담을 하면서 개인의 커리어 성장을 지원받는 것이 필요한 부분이죠.

[조직 내 직무순환 예시 - 인사팀]

- 중견기업이나 대기업 인사팀처럼 규모가 어느 정도 있는 경우, 인사팀 내 직무·업무 분류는 일반적으로 '인사기획', '인력운영', '보상·복리후생', '채용', '교육', '노사' 등의 업무로 구분 가능
- 이 경우, 각 업무의 전문성을 확보하는 것도 중요하지만 인사팀장으로 성장시키기 위한 업무 확장 및 직무역량을 향상시킨다는 목표를 가지고 직무순환 계획 수립 순서에 따라 가능

① 각 업무·직무의 난이도 및 필요 역량 레벨을 정의합니다(직무·업무 평가 개념 포함). 이 경우, 모든 회사가 동일한 기준이라기보다 그 회사의 인사 이슈·중요도에 따라 우선순위 및 업무 난이도 결정이 가능함(예를 들어, 강성노조가 있는 곳이라면 '노사' 업무의 중요도가 큼)

② 팀장 업무를 수행하는 데 반드시 경험해야 할 업무·직무 및 유관 업무를 설정. 팀장으로 성장시킬 인력에 대해서는 필수 업무를 순차적으로 경험할 수 있도록 검토

③ 팀원들에게 본인들의 커리어 목표에 대해 단기·장기 목표를 설정하도록 안내 및 면담

- 팀원들에게서 IDP를 받아 개인별 목표와 팀 내에서 팀장으로 육성하려는 사람들의 성장경로를 조율해 직무순환 기회 등을 부여

※ (현업이라면) 현업 팀장이 인사팀과 협의해 팀장 후보 풀 리뷰를 실시하고 필요하다면 타 부서 직무 경험이 필요한 인력은 인사팀의 도움을 받아 육성 기회를 제공

④ 팀장의 지속적인 관심과 피드백이 필요

- 단순 직무순환 기회뿐만 아니라 직무순환 후 관찰·지원을 통한 피드백이 성장에 필요

우리는 회사생활을 하다가 어느 날 팀장이 임원으로 승진하거나 다른 회사로 이직하고 공석이 될 때 그저 차석이라는 이유만으로 후임자를 선정하지는 않았나요? 어찌 보면 그동안 우리가 승계 계획의 개념을 생각하지 않고 그저 공석을 채우는 데 급급하다 보니 당장 빈 자리를 채울 수 있는 사람들을 선정하다 보니 그런 모습을 자주 본 것일 겁니다.

하지만 우리가 효과적인 조직을 지속적으로 유지하기 위해서는 회사(인사부서), 현업 팀장, 팀원 개개인 모두 각자의 자리에서 조직의 목표에 맞추어 역량 있는 인재들을 육성하고 확보하는 것이 필수적이라는 점입니다. 그리고 이런 승계 계획을 운영하는 데 가장 핵심적인 역할을 하는 것이 바로 현업 팀장입니다. 시스템을 만들고 제도를 운영하는 것은 회사나 인사부서의 역할일 수 있지만 현장에서 OJT나 실무 업무를 통해 직원들을 직접 육성하는 일, 직원들의 희망사항이나 IDP 내용을 확인하고 그들의 커리어 향상을 위해 팀장으로서 지원과 조언을 해주는 코치로서의 일, 그리고 같은 직무를 수행했던 선배로서 전문성을 확보하기 위해 자신이 걸었던 길을 후배들이 더 쉽게 익힐 수 있도록 육성체계를 지원하는 일, 바로 그 일들이 모두 현업에 있는 우리 팀장들이 하는 일이기 때문입니다.

인사부서에서 많은 관심을 갖는 경영진 후보자에 대해서는 회사 전체의 전략 과제에 후보자들을 투입하기도 하고 해외 주재원으로 글로벌 역량을 쌓을 기회를 주기도 하고 평가 시점에서는 예외적으로 풀을 구분해 평가상 혜택을 주는 등 다양한 방법으로 후보군의 동기부여를 해줄 수 있습니다. 그리고 향후 팀장으로 성장할 팀장 후보군에 대해서는 현장의 밀착된 업무 지원과 그들이 하는 일에 권한을 좀 더 부여해 일의 자율성을 주어 일에 대한 성취와 과제 PM을 통한 성장의 동기부여를 경험하게 할 수 있습니다. 물론 그 과정에서 발생하는 문제에 대한 책임은 팀장이 함께해 조직의 케어를 받으며 성장하고 있다는 느낌을 받도록 만드는 것이 무엇보다 중요하다고 생각합니다.

7.3 효과적인 조직으로 가는 길

필자가 생각하는 효과적인 조직은 그 조직이 맡은 역할과 책임(R&R)을 제대로 수행하면서 조직 내 성과를 지속적으로 창출하고 소속 구성원 모두 성장해 나가면서 팀장이 바뀌는 시점에도 안정적인 교체가 이루어져 팀 기능을 계속 유지하는 조직입니다. 이렇게 정의해본 효과적인 조직으로 가는 길에서 가장 중요한 역할을 하는 사람이 바로 팀장이고 그들의 리더십이 결국 우리 조직의 효과성과 지속성을 좌우한다고 해도 과언이 아닙니다.

앞에서 성과관리 방법, 성장하는 조직, 후임자 육성으로 나누어 이야기했는데 사실 이 모든 것은 현업 팀장들이 일상적으로 하는 일들로 이를 통해 우리 조직이 지속성장을 하는 데 밑바탕이 되는 일을 구분해 설명해드린 사항입니다. 우리가 성과관리를 위해 1:1 면담을 하고 피드백을 주면서 커뮤니케이션을 하는 일들이 결국 함께 일하는 팀원이 일을 통해 성장하도록 돕는 일이며 그렇게 성장한 팀원이 결국 후임자로서 이 팀을 맡아 향후에도 우리 조직이 계속 더 좋은 성과를 내도록 만드는 일이기 때문입니다. 따라서 우리 팀이 효과적인 조직이 되도록 무슨 일을 해야 할지 고민하신다면 우선 지금 팀원들이 어떻게 일하고 있으며 어려운 부분은 무엇인지, 그리고 그들에게 권한을 더 부여하면 스스로 판단할 수 있는 재량권을 통해 성장의 기쁨을 느끼도록 바로 옆에 있는 팀원과 이야기 나누어 보시기 바랍니다. 그 대화의 시작이 우리 조직을 효과적으로 운영하는 방법입니다.

팀장을 위한
슬기로운
사내 정치 생활

사내 정치, 당신은 어떻게 하고 있나요?

사례 1

A 팀장은 실무자였을 때부터 전문성을 기반으로 다양한 성과를 내왔고 성과를 인정받아 팀장으로 승진했습니다. A 팀장은 실무자였을 때부터 생각했습니다. '나는 정치적으로 권모술수를 부리는 리더는 절대로 되지 않겠다' 라고 말이죠. 왜냐하면 조직 내에서 실력없이 정치만으로 승승장구하려는 사람들을 보면 한심했고 '저렇게까지 해가면서 이 회사를 다녀야 하나?'라고 생각했기 때문입니다.

그래서 사내 정치가 아닌 실력으로 승부하겠다고 다짐했습니다. 그런데 A 팀장은 요즘 시간이 지날수록 뭔가 잘못되어 가고 있다는 생각이 듭니다. 열심히 일하는 만큼 회사에서 영향력이 생길 줄 알았는데 정말 '일'만 많아지는 느낌입니다. 정작 일로 빛을 보는 부서는 따로 있어 화도 납니다. 게다가 눈에 보입니다. A 팀장은 혹시 본인이 잘못하고 있는지 고민스럽습니다.

사례 2

B 팀장은 최근 H 팀원과 면담하다가 큰 충격을 받았습니다. H 팀원이 부서 이동을 희망한다고 말하면서 그 사유로 '비전'을 이야기한 것입니다. 우리 팀에서는 열심히 일해도 비전이 보이지 않아 다른 부서로 이동하고 싶고 그것이 어렵다면 퇴직하겠다는 의사를 밝힌 것입니다.

왜 이렇게 된 것일까요? H 팀원은 진행 중인 프로젝트 내용이 다른 팀의 보고에 밀려 C 레벨의 의사결정에서 후순위로 밀리고 그로 인해 의사결정 타이밍을 여러 번 놓친 것이 가장 힘들었다고 털어놓았습니다.

생각해 보니 B 팀장도 우리 팀에서 진행하는 프로젝트가 더 좋은 아이디어와 성공 가능성을 가지고 있음에도 왜 계속 후순위로 밀리는지 이해가 안 될 때가 많았습니다. 하지만 회사의 우선순위나 C 레벨의 의지가 있을 것이라는 생각에 '어쩔 수 없다'라고 생각했습니다. 그 결과가 이렇게 돌아올 줄은 꿈에도 몰랐습니다. B 팀장은 앞으로 어떻게 해야 할지 고민스럽습니다.

사례 3

C 팀장은 업무 성과를 인정받아 올해 팀장이 되었습니다. 그런데 같은팀 또래인 J 팀원에게 치이는 느낌이 들어 고민스럽습니다. J 팀원은 근속연수도 길고 팀에도 오래 재직했지만 성과가 뚜렷하지 않아 같은 팀원일 때는 동료로 편안하고 좋은 사람이라고만 생각했습니다. C 팀장도 팀원일 때는 J 팀원에게 의지하기도 했습니다. 그런데 팀장이 된 현재 입장에서 살펴

보니 팀원들은 J 팀원에게 의지하는 정도가 생각보다 크고 C 팀장보다 더 믿고 따르는 것 같습니다. 타 부서에서도 업무 협조 요청을 할 때 C 팀장이 아닌 J 팀원에게 요청하고 나중에 C 팀장이 알게 되는 경우가 많습니다. 이런 상황이 반복되다 보니 C 팀장은 팀원과 다른 부서원들로부터 팀장으로 인정받지 못하는 느낌이 들어 섭섭하고 속상합니다. C 팀장은 어떻게 해야 할까요?

위 사례들을 보면 어떤 생각이 드시나요? 안타까운 마음이 먼저 드시나요? 내 이야기, 내 주변 이야기처럼 느껴지지는 않나요? 생각보다 많은 사람들이 같은 고민을 하고 있습니다.

사내 정치에 대한 다양한 통계조사 결과들은 이를 증명하고 있습니다. 2019년 잡플래닛 설문조사 결과, 사내 정치와 파벌이 매우 많다고 응답한 비율은 39.1%였습니다. '일부 있다'라고 답한 44.2%까지 합치면 83.3%이므로 직장인 10명 중 8명이 사내 정치를 경험하고 있는 것이죠.

2016년 사람인 설문조사에서 사내 정치 때문에 피해를 입은 경험을 물은 결과, 69.3%가 피해 경험이 있다고 답했습니다. 피해 사실로는 '스트레스 가중(73.2%, 복수 응답)'이 가장 많았고 사내 정치 때문에 이직한 경험이 있다는 의견도 46.2%에 달했습니다.

특히 사내 정치에 대한 팀장들의 스트레스는 일반 직장인들이 경험하는 것보다 심각합니다. 2020년 인크루트 설문조사 결과, 입사 25년차 이상

시니어들이 퇴사를 결정하는 가장 많은 요인은 사내 정치(15.8%)인 것으로 나타났습니다.

사내 정치 현상은 한국에서만 나타나는 것은 아닙니다. 2023년 미국 그라지아디오 비즈니스 스쿨에서 발표한 직장 내 정치의 유독성(disrupting the toxic office) 리포트에 따르면 미국 내 직장인들을 다양하게 표집해 설문조사한 결과, 응답자의 68%가 회사에 사내 정치가 "만연하다"라고 응답한 것으로 나타났습니다. 이 보고서에서 응답한 대상자들의 절반은 관리자급이었다는 점을 감안하면 이 설문조사 결과는 매우 흥미롭게 해석됩니다. 심지어 응답자의 25%는 앞으로 사내 정치가 더 심해질 것으로 예상한다고 응답했습니다. 실제로 응답자 4명 중 1명은 사내 정치 때문에 퇴사한 경험이 있다고 응답했으며 5명 중 2명은 사내 정치로 인해 퇴사를 고려해본 적이 있다고 응답했습니다. 이 설문조사를 진행한 연구진은 코로나19 팬데믹 이후 재택근무가 지속되면서 직장 상사에게 어필할 기회가 줄어들었고 그로 인해 직장 상사에게 주목받기 위해 사내 정치에 나서는 경향이 있다고 분석했습니다. 사내 정치를 통해 직장 상사의 관심을 유도하고 사내에서 경쟁 우위를 점하려는 현상이 더 심하게 나타났다는 것이죠.

유수의 비즈니스 스쿨인 하버드 비즈니스 스쿨에서는 리더들을 대상으로 한 사내 정치와 영향력에 대한 과목(power and influence for positive impact))을 개설해 수업하고 있으며 캐나다 몬트리올의 유명 대학인 HEC 몬트리올 비즈니스 스쿨에서도 임원 프로그램(executive program)으로 사내 정치학(positive political skills in the workplace) 과목을 공식적으로 채택하고 있습니다. 제목에서 보듯이 사내 정치를 긍정적인 영향력으로 활용하는 방법을 가르치는 것이죠.

국내에서는 정치라는 단어에서 나오는 거부감과 사내 정치에 대한 터부시되는 분위기 때문에 리더들에게 공식적으로 사내 정치 기술을 가르치거나 공식적으로 언급되지 않는 것이 사실입니다. 하지만 우리는 늘 일상에서 사내 정치를 마주합니다. 그리고 리더가 될수록 사내 정치는 현실로 다가옵니다. 적극적인 사내 정치가가 되지 않더라도 어떻게 효과적으로 사내 정치판에서 살아남고 현명하게 대처할 수 있을까요? 그 내용에 대해 깊이있는 고찰을 해보겠습니다.

8.1 업무 능력만큼 중요한 팀장의 '정치 지능'

우선 사내 정치가 없는 조직을 떠올려 봅시다. 어떤 조직이 생각나시나요? 모두에게 공정한 회사? 아니면 모두 공평하게 각자의 몫을 다하고 모두 발언 기회를 동등하게 가진 회사? 모두의 커뮤니케이션이 투명한 회사? 어떤 생각이 드시나요? 이런 회사들이 실제로 있기는 할까요? 정치는 다른 사람에게 영향력을 행사하는 활동이기 때문에 타인에게 좋은 인상을 남기거나 타인과 좋은 관계를 맺고 같은 가치관이 있는 사람들을 따르며 자주 소통하려는 모든 행동들에서 나타납니다. 일부 학자들은 그래서 모든 사람은 태생부터 정치적이라고 말하기도 합니다. 사람들이 여러 명 모인 '조직'이라는 공동체 내에서 사람들과 교류하는 과정에서는 그런 정치적 행동에 대한 내용들이 더 크게 나타납니다. 그래서 조직심리학에서는 '비(非) 정치적 조직'이 세상에 존재하지 않고 모든 조직은 정치적일 수밖에 없다고 정의합니다.

조직에서 팀장의 위치를 다시 떠올려 봅시다. 팀이라는 하나의 조직 단위를 이끄는 리더이기 때문에 팀을 대표하는 위치의 영향력을 가진 팀장은 팀원들과 다른 부서 사람들에게 영향력을 미칠 수 있는 '권력'을 이미 가지고 있습니다. 즉, 사실상 팀장이 되는 순간 가지는 조직 내 권력은 이미 팀장들을 조직에서 정치 한복판에 놓는다고 할 수 있습니다. 권력을 기반으로 다른 사람들과 소통하면서 영향력을 키우느냐의 문제이지 사실상 조직에서 정치를 하느냐 여부를 선택하는 문제는 아니라는 것입니다.

언젠가 제가 모셨던 CEO 분들 중 한 분께서 좋은 리더가 갖추어야 할 요건을 이야기하신 적이 있습니다. 여러 리더들을 보면서 그분도 어디선가 들었던 이야기인데 잊혀지지 않는 이야기라며 직원들에게 그 이야기를 전해주었습니다. 좋은 리더의 요건은 3가지 중 하나 이상을 갖추는 것이었습니다. 바로 실력, 매력, 세력입니다. 3가지 중 하나를 갖추면 좋은 리더, 2가지를 갖추면 최고의 리더, 3가지 다 갖추면 그건 천상계의 영역이라는 이야기가 많은 경영자들 사이에서 회자되고 있다고 합니다. 여러분도 이에 동의하시나요?

조직심리학자 매킨타이어 박사는 『나는 왜 출근만 하면 예민해질까?(원서명: Secrets to winning at office politics)』라는 책에서 업무 지능 외에 정치

지능도 매우 중요한 영역이라고 이야기합니다. 정치 지능을 가지기 위해서는 조직이 사실 공평하지 않다는 것을 아는 데서 출발한다고 되어 있습니다. 회사는 민주주의 체제가 아니기 때문에 공평함보다는 더 큰 권력, 더 큰 영향력을 가진 사람들을 중심으로 그들의 힘에 의해 움직이며 생각보다 많은 일들이 영향력을 가진 사람들에 의해 주관적으로 결정된다는 사실을 깨닫는다는 것을 받아들일 때 정치 지능을 가질 수 있다고 이야기합니다.

정치 지능에 대한 이해를 가장 높이는 방법은 무엇일까요? 사극을 보면 더 구체적으로 이해할 수 있습니다. 사극에서 왕은 정치적인 권력 싸움에 크게 관여하는 사람이 아닙니다. 오히려 그를 둘러싼 사람들의 이해관계, 서로 더 유리한 입장에 서기 위해 암투를 벌이는 것은 권력을 더 많이 가지고 싶어 하는 유능한 행정가이자 관리자들입니다. 그들은 실력이 없어서 그 자리에서 암투를 벌이는 것이 결코 아닙니다. 내 주장을 더 펼치기 위해, 자신이 원하는 만큼 타인에게 영향력을 행사하기 위해, 자신의 진가를 알리기 위해, 자신을 따르는 '자기 사람들'을 실망시키지 않기 위해서입니다. 사극에서는 정치 지능에서 상대적으로 밀리는 사람들과 그들을 지지하는 많은 사람이 함께 몰락하는 것을 볼 수 있습니다. 어느 순간 그들은 자신들의 의지라기보다 자신들을 지지하는 사람들이 불이익을 당하거나 권력에서 밀려나는 것을 참을 수 없어 더 정치적인 모습을 보이게 됩니다.

혹자는 최고의 사내 정치에 대한 가이드를 『삼국지』에서 찾기도 합니다. 위, 촉, 오 세 나라가 대륙을 차지하려는 야망을 펼쳐나가는 내용이 아니라 각 나라에서 전쟁이 오가는 사이에 병법으로 승기를 잡기 위해 치열하게 고민하고 안팎으로 암투를 벌이는 책사들의 이야기를 읽다 보면 병법과 전술, 정치까지 모든 것을 파악할 수 있다고 하죠. 심지어 책사들의 병법 성공 여부에 따라 전쟁의 결과가 바뀌고 그 나라의 흥망성쇠가 달려 있다 보니 그들은 책사 본연의 역할도 해야 했지만 다른 나라 정보도 입수하면서 내부에서 책사를 견제하려는 다른 장수들과도 경쟁해야 하는 모습들이 등장합니다. 우리가 아는 제갈공명도 『삼국지』에서는 관우, 장비와 갈등하는 장면이 나옵니다. 그 상황들을 어떻게 헤쳐나가는지를 보면 책사로서의 능력 이외에 정치가로서의 능력도 엿볼 수 있습니다.

사극과 『삼국지』에서 볼 수 있는 정치 지능을 현재의 우리에게 대입해 볼까요? 조직 내 정치 대상에 CEO는 대상이 아닙니다. 그 이하 모든 임원들, 그 임원들과 함께하는 팀장들은 조직 내 정치에서 자유로울 수 없습니다. 사실 회사에서 사내 정치 자체를 정말 원해서 하는 사람은 거의 없습니다. 조직 내에서 '영향력'이 생각보다 큰 힘을 발휘하기 때문에 그 영향력을 가지고 조직의 리더로서 자신의 조직을 빛내기 위해서인 경우가 많습니다. 그리고 사극과 『삼국지』 모두를 보면 알 수 있지만 정치 지능을 잘 사용해 성공하는 사람들은 기본적으로 실력을 갖춘 사람들입니다. 즉, 정치 지능은 본업에서의 실력으로 남들의 인정을 받을 정도의 영향력을 갖춘 사람들에게 유효합니다. 정치만으로 성공하려는 것은 금방 한계가 드러나지만 실력을 갖춘 사람이 영향력까지 갖춘다면 승승장구하는 것은 당연한 이야기입니다. 그래서 실무적으로 이미 인정받고 있는 팀장들에게도 '정치 지능'은 승승장구하기 위해 반드시 필요한 내용입니다.

8.2 사내 정치의 기술, 어떻게 키울 것인가?

이 내용을 집필하기 전에 필자가 조사한 사내 정치에 대한 많은 문헌에서는 많은 사람들이 궁금해하는 것처럼 아부나 권모술수, 중상모략 등의 내용이 사내 정치의 '기술'로 실제로 적용해 성공적으로 조직 생활로 기록될 수 있었던 사례들은 학술적으로 발견되지 못했다는 점을 밝힙니다.

실제로 그것만으로 성공하거나 CEO 자리에 오른 사람들은 없다고 봐도 무방합니다. 그렇다면 실제 조직에서 적용할 수 있는 사내 정치의 기술은 어떻게 키울 수 있을까요? 조직정치학자 페리스(Ferris)와 그의 동료들의 연구[6]에서는 조직의 정치 기술을 '업무 상황에서 타인을 효과적으로 이해할 수 있는 능력, 개인과 조직의 목적을 강화하기 위해 타인의 행동에 영향을 미치는 능력, 상황에 따라 유연하게 대처하는 능력'이라고 정의하면서 사회적인 예리함, 대인관계 영향력, 인맥 관리 능력, 표면적 진실성 4가지 사내 정치의 기술적 측면을 제시했습니다. 각각의 세부 항목을 살펴보면서 사내 정치의 기술을 키우는 방법을 고민해볼까요?

8.3 사내 정치의 첫 번째 기술, 사회적 예리함

페리스와 동료 조직정치학자들의 연구에 따르면 사내 정치를 잘하는

---

6. Ferris, G. R., Treadway, D. C., Kolodinsky, R. W., Hochwarter, W. A., Kacmar, C. J., Douglas, C., & Frink, D. D. (2005). Development and validation of the political skill inventory. Journal of management, 31(1), 126-152.

사람들은 사회적 상호작용을 이해하고 조직 환경에서 본인과 다른 사람들의 행동을 정확히 해석할 수 있다는 특징이 있습니다. 즉, 사내에서 정치적 능력을 갖춘 사람들은 다른 사람들을 기민하게 관찰하고 다양한 상황에서 예리한 판단력을 발휘한다는 것입니다. 이렇게 사회적 예리함을 갖춘 사람들은 다른 사람들과 구별되는 특징적인 부분이 있습니다. 바로 타인에 대한 민감성과 함께 강한 분별력과 높은 자기 인식력을 가지고 있다는 것입니다.

다른 사람들을 기민하게 관찰하고 상황을 읽어내기 위해서는 본인을 다른 사람에 투영해 어떻게 할 것인지 고민하고 읽어보려는 시도를 해보면서 상황을 읽는 눈을 높일 수 있어야 합니다. 조직심리학자 페퍼(Pfeffer)는 타인에 대한 민감도는 다른 사람과 본인을 동일시해 이해하려고 할 때 발휘되는 능력이라고 주장했습니다.[7]

다양한 조직 상황에서 자신에게 유리할 수 있는 부분에 대한 흐름을 읽기 위해서는 타인에 대한 민감도뿐만 아니라 자신에 대해서도 객관화해 명확히 이해할 수 있어야 합니다. 자신에 대한 이해 없이 타인에 대한 민감도만 있는 경우, 분별력을 가지고 상황을 정확히 판단하기 어렵습니다. 따라서 자신에 대해 객관적인 이해를 높이는 것이 필요합니다. 심리학자 조셉 루프트(Joseph Luft)와 해리 잉햄(Harry Ingham)이 개발한 '조하리의 창' 이론에 따르면 사람은 누구나 생각, 감정, 경험, 행동, 동기에 따라 타인과 자신이 바라보는 모습에 차이를 가지고 있으며 이는 4가지 영역으로 나타난다고 제시하고

---

7. Pfeffer, J. (1992). Managing with power: Politics and influence in organizations. Harvard Business Press.

있습니다.

첫 번째 영역은 열린 영역(open area)으로 '내가 스스로 나에 대해 알고 있고 타인도 나를 볼 때 이해하고 있는 영역'이며

두 번째 영역은 맹목 영역(blind area)으로 '타인은 나에 대해 아는데 나는 모르고 있는 내 모습'을 의미합니다.

세 번째는 숨겨진 영역(hidden area)으로 '타인은 모르고 나만 알고 있는 나에 대한 영역'이고 마지막 영역은 미지의 영역(unknown area)으로 '타인도 모르고 나도 모르는 내 자신의 무의식 영역'입니다. 명확한 자기 이해를 위해서는 4가지 조하리의 창을 이해하는 것이 매우 중요할 수 있습니다.

8.4 사내 정치의 두 번째 기술: 대인관계 영향력

사내 정치에 능숙한 사람들은 대인관계에서도 주변 사람들에게 영향력이 높은 것으로 나타나며 이와 같은 영향력을 바탕으로 타인을 자신의 주장에 참여시켜 원하는 방향으로 끌어내거나 자신의 주장에 미묘하게 설득력을 강화하기도 합니다.

대인관계의 영향력이 높은 사람들은 주변 사람들에게 영향력을 행사하는 과정에서 다른 사람들이 자신이 원하는 방향으로 참여할 수 있도록 자신의 행동을 상황에 맞게 적절히 조정합니다. 더 구체적으로 사내 정치에 능숙한 사람들은 타인으로부터 특정한 반응 즉, 자신이 원하는 반응을 유도하기 위해 자신의 행동에서의 '유연성(flexibility)'을 발휘합니다. 앞에서 논의한 페

퍼의 책에서는 이를 개인이 목표를 달성하기 위해 상황에 맞게 타인을 대상으로 자신의 행동을 조절하는 유연성 개념이라고 주장하면서 유연성은 대인관계에서의 영향력을 강화한다고 밝혔습니다.

더 쉽게 말하면 사내 정치에 능숙한 사람들은 단순히 대인관계에 능해 좋은 관계를 맺는 데만 의미를 두는 것이 아니라 사람들을 통해 자신이 원하는 것을 달성할 수 있는 영향력을 발휘하는 데 의미를 둔다고 할 수 있습니다. 그래서 다른 사람들이 자신이 원하는 방향으로 움직이도록 하기 위해 여러 사람에게 각각 그들에게 적합한 방식으로 자신의 태도를 유연하게 바꾸어가며 자신의 입장과 자신이 원하는 방향을 설명하고 설득해 그들이 자신이 하려는 행동에 당위성을 부여하고 영향력을 발휘할 수 있도록 한다는 것입니다.

이를 위해서는 위에 언급한 대로 유연한 태도로 타인을 대할 수 있는 대인관계 능력이 필요합니다. 유연한 태도란 상대방에 맞게 합리적인 태도를 갖추는 것을 의미하며 시대적 흐름이나 변화, 상대방의 성향에 따라 달라질 수 있습니다.

예를 들어, 1980년대나 1990년대 팀장이 직원들을 대상으로 프로젝트 과업을 설명하며 참여해야 한다고 이야기하는 것과 현재 팀장이 같은 안건으로 직원들에게 이야기하는 것에서의 태도는 큰 차이가 날 수밖에 없습니다.

또한, 상대방이 이야기를 들을 준비가 되었느냐에 따라서도 어떤 태도를 갖추고 이야기할 것인지가 달라질 수 있습니다. 중요한 것은 전달하려는 메시지가 일관되어야 하고 거만하거나 상대방을 무시하는 태도를 취해서는 안 된다는 것입니다.

많은 사람들이 퍼스널 브랜딩에 관심을 가지고 자신이 브랜드가 되기를 원합니다. 그 '브랜딩'에 꼭 필요한 요소 중 하나가 바로 대인관계에서의 유연한 태도입니다. 사내 정치를 넘어 자신을 좋은 명품 브랜드로 만들기 위해 자신이 태도로 사람들을 통해 영향력을 발휘할 수 있을지 고민해보길 권합니다.

8.5 사내 정치의 세 번째 기술: 인맥 관리 능력

사내 정치에 능숙한 사람들은 다양한 네트워크를 개발하고 활용해 네트워크에 포함된 사람들을 자산처럼 보유하고 관리하는 경향이 나타납니다. 다양한 네트워크를 통해 사람들은 자신에게 호의적인 사람들과 연합을 형성하고 그 연합을 통해 강력한 영향력을 발휘하고자 합니다. 다양한 인맥을 통해 자신에게 호의적인 사람들을 모으고 연합을 구축하는 것은 사람들이 사회적 자원으로서 네트워크를 활용하고 정치적 영향력을 발휘하는 데 매우 필수적인 요소입니다.

인맥 관리는 말 그대로 소셜네트워크(social network)로서의 기능을 하고 의도적으로 구성된 네트워크이기 때문에 인맥 관리 능력이 뛰어난 사람들은 더 많은 기회를 만들고 더 많은 정보를 수집할 수 있으며 이를 활용해 더 좋은 위치로 갈 가능성을 높일 수 있습니다.

미국 경영잡지인 《Forbes》[8]에서는 인맥 관리가 일종의 파트너십 관리와 같은 영역이라고 제시하기도 했습니다. 그리고 관계를 맺은 다른 사람들을 통해 배우게 되는 다양한 내용들은 개인의 영향력뿐만 아니라 업무적 역량까지 향상시킬 수 있다고 제시하고 있습니다.

인맥 관리를 잘한다는 것은 단순히 네트워킹을 많이 해 양적으로 많은 사람들과 관계를 맺는 문제가 아닙니다. 인맥 관리를 위해 불필요한 소모적 만남이나 모임을 계속 하라는 말이 아니라 자신과 뜻을 함께하고 가치관이 비슷한 친밀하고 신뢰도 높은 사람들과의 관계를 오랫동안 형성하는 것이 중요하다는 말입니다.

하버드대에서 연구한 '행복'의 비밀에서도 신뢰도가 높은 좋은 일부 사람들과 친밀한 관계를 이어오며 인맥 관리를 해온 사람들이 더 행복한 삶을 사는 것으로 밝혀졌습니다. 오래 함께한 인맥들은 내게 때로는 우군으로 때로는 쓴소리를 해주는 든든한 지원군으로 내가 영향력을 발휘하는 데 다양한 역할을 해줄 수 있습니다.

---

8. Cole, B. M. (2019, March 20). 10 Reasons Why Networking Is Essential For Your Career. Forbes. https://www.forbes.com/sites/biancamillercole/2019/03/20/why-networking-should-be-at-the-core-of-your-career/?sh=1208d1541300

8.6 사내 정치의 네 번째 기술: 표면적으로 나타나는 진실성

사내 정치에 능숙한 사람들은 다른 사람들에게 높은 수준의 청렴성, 진실성을 소유한 믿을 만한 사람으로 보이는 경향이 나타납니다. 사내 정치에 능숙한 사람들에 대해 다른 사람들은 그들이 정직하고 개방적이며 솔직하다고 인식하는 경향이 많습니다.

사실 4가지 차원의 사내 정치 기술 중에서 가장 중요한 영역이 바로 이 부분입니다. 숨겨진 의도가 없이 솔직하고 믿을 만한 사람이라고 다른 사람이 인지하게 만드는 것이 가장 어려울 뿐만 아니라 이런 내용에서 상대방에게 진실성에 대한 신뢰를 심어주지 못한다면 사내 정치의 어떤 기술도 받아들여지지 못하기 때문입니다.

사람들은 인지적으로 상대방이 자신을 조정하거나 의도를 가지고 자신이 뭔가를 하는 데 개입하도록 하는 것 자체를 좋아하지 않습니다. 조작적이거나 나쁜 의도를 가지고 접근해 영향력을 행사하려고 한다고 생각하는 순간 사람들은 신뢰보다 멀어지는 것을 택합니다. 따라서 표면적으로 진실한 의도를 가진 것으로 보이는 능력은 매우 중요합니다.

사실 우리가 일하면서 만나는 사람들 중에 표면적으로 진실된 태도를 보이지만 실제로 진실되지 않은 사람들도 많습니다. 하지만 그런 사람들과 오래 일하다 보면 깨닫게 됩니다. 저 사람이 진실되지 않다는 사실을 말이죠. 우리가 사내 정치에 대해 고민하는 것은 결국 오랫동안 조직에서 영향력을 발휘하며 즐겁게 일하기 위해서입니다. 단시간 동안 정치를 통해 뭔가를 이루고 조직을 떠나겠다는 전문적인 '정치꾼'이 될 목적으로 사내 정치 기술을 향상하려는 것이 아닙니다.

그렇다면 표면적인 진실성만큼 실제로도 진실성과 진정성을 가지고 업무에 임하고 다른 사람들을 대하는 것이 필요합니다. 최소한 '존경받는 선배'는 못 되더라도 '저 사람처럼 되지는 말아야지'라는 대상으로 회사에서 오랫동안 함께 일한 동료나 후배들 사이에서 신뢰를 쌓지 못한다면 어떤 사내 정치 기술도 성공하기 어렵습니다.

무엇보다 '겉과 속이 다른' 사람이 된다면 가장 괴로운 것도 본인입니다. 자신과 타인에게 비치는 자신 사이의 괴리감들이 커질수록 스트레스도 커질 수밖에 없기 때문입니다. 따라서 진실된 태도로 사람들을 대하려는 노력이 매우 중요합니다.

8.7 사내 정치의 희생양이 되지 않기 위해 당신이 해야 할 일

지금까지 논의한 사내 정치 기술들은 모두 이미 사내 정치에 대해 다양한 연구가 이루어진 해외 학자들에 의해 밝혀진 내용입니다. 사실 별로 새로운 내용들은 없습니다. 다만, 의도적으로 얼마나 '영향력'에 신경을 쓰고 이를 체계적으로 고민하느냐의 문제입니다.

사내 정치가 상대적으로 덜한 조직은 있어도 온전히 사내 정치가 없는 조직은 없다는 것이 조직심리학자들의 의견이라고 서두에서 언급한 바 있습니다. 우리가 '정치적이다'라고 인식하기 전에 이미 조직이라는 곳은 다른 사람들과 관계를 맺을 뿐만 아니라 다른 사람으로부터 평가를 받는 곳이기 때문에 정치적이지 않을 수 없습니다. 그리고 팀장이자 리더인 당신은 사내 정치의 플레이어로 이미 참여 중입니다.

똑똑하게 사내 정치판을 읽고 실력과 영향력을 겸비한 리더가 되면 더할 나위 없겠지만 현실은 사내 정치에서 희생당하는 경우만 피해도 다행일 정도로 다른 사람들의 사내 정치력은 생각보다 치열하고 뛰어납니다. 사내 정치의 희생양이 되지 않기 위해 우리는 어떤 준비를 해야 할까요?

조직심리학자 매킨타이어 박사는 『나는 왜 출근만 하면 예민해질까?』라는 책에서 사내 정치의 성공을 위해 반드시 필요한 요소들을 이야기합니다. 최소한 이 공식에는 윗사람에 대한 아부나 중상모략, 이간질 등은 들어 있지 않습니다. 더 넓게 더 장기적으로 내 사내 정치력을 어떻게 키울지 고민해보는 데 이 내용들은 매우 유용합니다.

정치적 성공 요인	고민해볼 질문
영향력	• 당신은 영향력을 어떻게 강화할 것인가?
성과	• 당신이 하는 일은 회사의 성공에 어떻게 기여할 수 있는가?

인식	• 당신이 목표를 달성하도록 도와줄 수 있는 사람들에게 어떻게 평판을 좋게 만들어갈 것인가?
파트너십	• 당신의 파트너이자 지원자가 되어줄 인맥을 어떻게 관리할 것인가?

(출처: MvIntyte, M. G. (2017). 나는 왜 출근만 하면 예민해질까?(이현주 역). 서울: 스몰빅라이프 원서 출판 2005, p.151~152 내용 재구성)

사내 정치의 기본 요소는 성과입니다. 성과를 내는 데 어떻게 '영향력'을 통해 성공을 이끌어갈 것인가, 그 성과를 어떻게 '빛나게' 인식하게 할 것인가, 그리고 성과를 내는 것을 도와줄 파트너는 누구인가에 대한 고민은 사내 정치뿐만 아니라 오랫동안 당신이 지치지 않고 회사 생활을 해나가는 데 반드시 이루어져야 할 사항이고 지금 팀장이자 리더인 당신이 꼭 한 번 되짚어봐야 할 질문입니다.

일은 열심히 하는데 인정받지 못하거나 일하다가 소위 내가 겪는 사내 정치적 상황 때문에 회의감을 느껴 힘든 당신. 오늘부터 사내 정치의 기술을 익히고 앞으로 나아갈 수 있는 또 다른 나만의 전략을 고민해볼 때입니다.

리더십 전환의 기술: 부정에서 긍정으로

왜 리더십 전환이 필요한가?

필자는 다양한 대기업 및 중견 기업에서 조직문화 컨설팅을 하며 수많은 리더들을 만나왔습니다. 리더들은 저마다 스타일은 달랐지만 한 가지 공통점이 있습니다. 바로 성과를 1순위로 생각한다는 것입니다. 하지만 리더마다 성과를 내는 방식은 제각각입니다. 어떤 리더는 권위적이고 통제적인 방식으로 조직을 이끌어가며 야근과 주말 근무를 당연시합니다. 반면, 어떤 리더는 구성원들과 신뢰와 인간적인 정을 쌓으면서 함께 성장하는 방식으로 이끌어 갑니다.

이 두 리더 스타일의 성과는 어떨까요? 단기적으로는 전자 리더의 성과가 빠르게 달성되는 것처럼 보이지만 프로젝트가 진행될수록 분위기는 달라집니다. 조직 구성원들은 우울증과 번아웃에 지쳐 나가떨어지고 조직의 분위기는 점점 와해됩니다. 구성원들은 리더가 시키는 대로만 하게 되고 자신의 의견을 내지 않고 겨우 겨우 일을 끝냅니다.

반면, 구성원들과 함께 신뢰를 쌓아가며 성장하는 리더는 느리지만 꾸준히 성장합니다. 초기에는 변화가 크지 않지만 프로젝트가 진행될수록 팀원들이 자발적으로 아이디어를 내고 창의적인 의견을 도출합니다. 그리고 책임감과 주인의식을 가지고 업무에 임합니다. 결국 이러한 리더가 이끄는 조직이 더 오래 살아남고 지속적인 성과를 내는 경우가 많습니다. 즉, 부정적 리더십은 단기적 성과를 가져올 수는 있지만 조직문화를 저해하고 조직의 미래를 처참하게 무너뜨리는 방식이라는 것입니다.

혹시 이번 장을 읽다가 문득 내 리더십이 부정적 리더십 같다는 생각이 든다면 그것만으로도 이미 좋은 리더로 성장할 가능성이 큽니다. 왜냐하면 부정적 리더십을 가진 대다수는 자기 인식이 되지 않거나 자기 인식이 되더라도 큰 문제로 여기지 않기 때문입니다. 리더십은 타고나는 것보다 학습하고 성장해 나가는 것이며 조직은 리더의 성장을 따라 성장합니다. 리더가 변화하면 조직이 변화합니다. 이번 장에서는 리더로서 나의 부정적인 모습을 인식하고 개선하는 시간이 되는 데 도움이 되길 바랍니다.

9.1 부정적 리더십 스타일의 종류와 특징

리더십을 말할 때 보통 좋은 리더십을 떠올립니다. 서번트 리더십, 진성 리더십, 변혁적 리더십, 코칭 리더십 등입니다. 이런 리더십은 조직을 성장시키고 구성원들이 기꺼이 따라가고 싶게 만듭니다. 문제는 세상에 이런 리더십만 있는 게 아니라는 것입니다.

리더가 조직을 항상 성장시키는 것은 아닙니다. 때로는 리더의 잘못된 행동이 조직을 혼란에 빠뜨리고 구성원들의 의욕을 꺾기도 합니다. 쉐클턴

(Shackleton)은 이런 리더를 탈선된 리더(derailed leader)라고 불렀고 애쉬포스(Ashforth)는 리더의 비열한 횡포(petty tyranny)라는 표현을 썼습니다. 말 그대로 팀원들과 더 나아가 조직을 힘들게 만드는 리더십입니다.

이번 장에서는 조직에서 흔히 볼 수 있는 부정적 리더십 유형을 살펴보고 그것이 어떤 식으로 조직에 악영향을 미치는지 알아봅니다. 혹시 이 글을 읽다가 "어, 이거 내 이야기인데"라는 생각이 든다면 너무 낙담하지 마세요. 알아차린 것만으로도 이미 절반은 고친 거니까요.

1) 태만적 리더십(Laissez-Faire Leadership)

"성인인데 모두 알아서 잘 하겠지…"

이 말을 자주 하는 리더는 조심해야 합니다. 태만적 리더십은 리더가 마치 투명인간처럼 존재하는 경우입니다. 회의에서 중대한 결정이 필요한 순간에도 "너희가 잘 알지 않겠어?"라며 빠지고 구성원이 도움을 요청해도 "김 대리가 다 알아서 해"라는 말로 넘깁니다.

[특징]
- 중요한 결정을 미루거나 방관한다.
- 팀원이 도움을 요청해도 반응이 느리거나 아예 없다.
- 조직이 나아갈 방향을 제시하지 않는다.

[조직에 미치는 영향]
- **방향 상실**: 팀원들은 리더가 방향을 제시하지 않으니 혼란에 빠진다.

- **책임 전가**: 문제가 터지면 리더는 "내가 결정하지 않았어"라며 발뺌한다.
- **사기 저하**: 리더가 관심이 없으니 팀원들도 관심과 동기를 잃는다.

태만적 리더십은 조직을 서서히 갉아먹습니다. 팀원들은 "팀장도 관심 없는 걸 도대체 내가 왜 하고 있지?"라는 생각을 하게 되고 결국 일과 조직 자체에 대한 애정이 사라집니다.

2) 강압적 리더십(Coercive Power Leadership)

"내가 시키면 시키는 대로 해. 질문은 안 받는다"

강압적 리더십은 명령과 통제로 팀을 이끄는 방식입니다. 이런 리더는 군대 장교처럼 행동합니다. "내가 시키는 대로 안 하면 결과는 뻔하지"라는 태도가 기본입니다. 팀원들이 왜 이런 방식으로 해야 하는지 묻는 것조차 싫어합니다.

[특징]
- 명령과 지시가 대부분의 커뮤니케이션이다.
- 팀원의 의견을 묵살하고 의견에 대한 반박을 허용하지 않는다.
- 팀원의 실수에 대해 가혹하게 처벌하거나 비난한다.

[조직에 미치는 영향]
- **창의성 억제**: 팀원들은 새로운 아이디어를 내는 것을 두려워한다. 아이디어를 꺼냈다가 자신감만 더 떨어진다.

- **심리적 위축**: 실수하면 크게 혼나니 무조건 안전한 길만 가려고 한다. 시키는 대로만 하는 것이 안전하다고 생각하는 것이다.
- **이직률 증가**: 강압적 리더십은 오래 버티기 힘들다. 결국 팀원들이 하나둘 떠나기 시작한다.

강압적 리더십은 단기적으로는 효과가 있을 수 있습니다. 팀원들이 시키는 대로만 하니 일은 빨리 끝납니다. 하지만 장기적으로 보면 조직은 서서히 동력을 잃습니다.

3) 파괴적 리더십(Destructive Leadership)

이 유형은 정말 심각합니다. 파괴적 리더십은 리더가 고의적으로 조직을 망가뜨리는 경우입니다. 자신의 권위를 강화하거나 개인적 이익을 위해 조직의 이익을 희생시킵니다. 팀원들 사이에서 갈등을 조장하고 필요하면 거짓말도 서슴지 않습니다.

[특징]
- 조직의 목표보다 자신의 개인적 이익을 우선한다.
- 리더 자신이 중심이 되도록 하기 위해 팀원들끼리 갈등이 생기도록 의도적으로 조장한다.
- 리더가 문제를 일으키고도 전혀 책임지지 않는다.

[조직에 미치는 영향]
- **불신 형성**: 팀원들이 리더를 전혀 신뢰하지 않는다.
- **팀워크 붕괴**: 팀원들끼리 경쟁하고 반목하게 된다.
- **성과 하락**: 갈등이 지속되면 성과는 자연스럽게 떨어진다.

파괴적 리더십은 조직에 깊은 상처를 남깁니다. 단순한 성과 하락이 아니라 서로 불신하게 되고 조직문화 자체를 망가뜨립니다.

4) 착취적 리더십(Exploitative Leadership)

팀원들의 노력을 오직 리더의 성과로 빼앗아갑니다. 착취적 리더십은 팀원의 노력을 가로채는 리더에게서 자주 나타납니다. 성과를 내기 위해 팀원들에게 과도한 업무를 부여하고 개인의 희생을 당연시합니다.

[특징]
- 팀원들이 만든 성과를 리더가 자신의 공으로 가로챈다.
- 팀원들에게 과도한 업무를 부과하고 이를 당연시한다.
- 능력에 따라 팀원 간 차별이 심하다.

[조직에 미치는 영향]
- **불만 고조**: 팀원들은 부당하다고 느끼며 불만이 커진다.
- **몰입 저하**: 팀원들은 더 이상 열심히 일할 이유를 찾지 못한다.
- **이직**: 조직을 떠나려는 직원이 늘어난다.

5) 미세관리형 리더십(Micromanagement Leadership)

리더가 사소한 일까지 전부 관여하는 유형입니다. 보고서 하나 작성하는 데도 단어 하나하나마다 수정이 들어가고 모든 결정을 리더가 직접 내립니다. 팀원들은 자율성을 잃고 리더의 눈치만 봅니다.

[특징]
- **사소한 부분까지 리더가 직접 간섭한다.**
- **팀원들이 자율적으로 일할 여지가 없다.**
- **리더의 마음에 들지 않으면 그 어떤 일도 진행되지 않는다.**

[조직에 미치는 영향]
- **창의성 억제**: 팀원들은 새로운 방식보다 리더가 원하는 방식대로만 따른다.
- **스트레스 증가**: 팀원들은 늘 긴장 상태에서 리더 눈치만 보며 일하게 된다.
- **생산성 저하**: 리더가 모든 것을 직접 챙기다 보니 정작 중요한 일은 뒷전이 된다.

미세관리형 리더십은 리더 자신도 지치게 만듭니다. 결국 리더와 팀원 모두 무기력하고 피곤해지며 결국 일의 효율은 떨어집니다. 부정적 리더십은 서서히 조직에 악영향을 미칩니다. 팀장은 자신의 리더십 스타일을 돌아보고 필요하다면 바꿔 나가야 합니다.

9.2 부정적 리더십을 피하고 긍정적 변화를 이끄는 리더십

성과 중심 리더십은 한때 기업 성공의 필수 조건으로 통했습니다. 그러나 이제는 성과만큼 조직문화와 구성원의 행복도 중요한 요소로 인식되고 있습니다. 특히 성과만 중시해온 리더라면 이런 변화가 힘들게 느껴질 수 있습니다. 한 기업의 사례를 통해 부정적 리더십을 극복하고 긍정적 변화를 이끄는 방법을 살펴보겠습니다.

A 기업의 한 리더는 성과 면에서는 누구보다 뛰어난 인물이었습니다. 젊은 시절부터 회사에 모든 것을 바쳤고 그 결과, 팀은 매년 높은 매출을 기록했습니다. 회사에서도 그는 성공한 리더, 핵심 인재로 칭송받았습니다. 하지만 문제는 조직문화에서 나타났습니다. 조직문화 평가에서 그의 팀이 매번 최하위를 기록한 것입니다. 팀원들은 과도한 업무와 일방적인 지시에 지쳐 있었고 매일 야근에 시달렸습니다. 병가와 휴직이 늘어났으며 다른 팀으로 전출을 요청하는 팀원들도 많아졌습니다.

리더는 억울함을 느꼈습니다. "내가 팀과 회사를 위해 이렇게 헌신했는데 왜 조직문화까지 내가 책임져야 하나?" 하지만 결국 그는 조직문화 개선을 위해 용기를 내 코칭을 받기로 했습니다. 코칭은 문제를 파악하는 데서 시작되었습니다. 리더는 자신이 팀원들에게 잘못하고 있다는 사실조차 몰랐습니다. 그는 자신의 방식이 옳다고 믿었으며 팀원들도 자신처럼 회사에 헌신하기를 기대했습니다.

첫 번째 문제는 일방적인 소통이었습니다.

그는 팀원들에게 반말로 지시하며 그들의 상황을 고려하지 않았습니다. 문제상황을 공유하고 함께 풀어가는 것은 그에게 시간낭비에 불과했습니다. 그러다 보니 혼자 결정해 지시하기에 바빴습니다.

두 번째 문제는 불공정한 업무 배분이었습니다.

몇몇 팀원들에게 지나치게 많은 일을 맡기면서도 칭찬이나 격려는 하지 않았습니다. 자신도 그렇게 지내고 있으니 헌신을 당연시했습니다. 그러다 보니 많은 직원들은 우울감과 번아웃을 경험하게 되었습니다. 휴직하는 직원들이 늘어났고 매일 매일이 고통이라고 호소했습니다.

마지막으로 팀장은 팀원들과 업무 외에는 거의 교류하지 않았습니다. 그와 대화하는 주제는 오직 업무에 관한 내용, 그를 볼 수 있는 시간은 회의나 보고 시간뿐이었습니다. 그러다 보니 자연스럽게 팀원들은 그를 인간적인 감정없이 단순한 상사로만 여겼습니다. 리더는 조직문화 진단 결과를 처음에는 이해하지 못했습니다. 회사생활이 다 그런 것 아니냐, 성과와 조직문화가 어떻게 함께 갈 수 있느냐며 항변했습니다. 하지만 몇 번의 설득 끝에 그는 큰 용기를 내 변화하기로 결심했습니다.

첫 번째 과제는 공정한 업무 배분이었습니다.

그는 팀원들의 업무 상황을 세세히 파악하고 공정하게 조정하기 시작했습니다. 성과에 따라 업무가 과도하게 쏠리는 문제를 해결하기 위해 팀원들의 업무량과 역할을 재조정해 균형을 맞추었습니다. 이를 통해 모든 팀원이 공평하게 기여하고 성장할 수 있는 환경을 만들고자 했습니다.

두 번째는 칭찬과 인정이었습니다.

처음에는 많이 어색했지만 팀원들의 성과를 구체적으로 점점 칭찬하기 시작했습니다. "이번 프로젝트를 정말 잘했어요. 덕분에 결과가 훌륭했습니다." 이런 작고 사소한 칭찬들이 팀원들에게 큰 동기부여가 되었습니다.

세 번째는 업무 이외 대화를 시도하는 것이었습니다.

점심을 함께하며 팀원들의 관심사를 물어보았습니다. "주말에는 어떤 활동을 하세요?", "아이는 유치원에 잘 다니고 있나요?"와 같은 질문이 팀원들과의 거리를 좁히는 데 큰 도움이 되었습니다. 이런 대화를 통해 팀원들은 자신이 존중받고 있다는 느낌을 받았고 리더와의 심리적 거리도 좁혀졌습니다. 팀원들은 리더와 점점 더 많은 것을 공유하기 시작했고 이는 팀 내 신뢰 형성과 협업 분위기 개선으로 이어졌습니다.

몇 달 후 팀은 눈에 띄게 변화하기 시작했습니다. 팀원들은 정시에 퇴근하고 충분한 휴식을 취한 덕분에 업무에 더 집중할 수 있었습니다. 번아웃으로 인해 업무를 피하던 사람들도 다시 동기를 찾았습니다. 리더의 칭찬과 인정은 팀원들에게 자부심을 심어주었고 팀 분위기는 점점 긍정적으로 바뀌었습니다.

결국 이듬해 조직문화 평가 점수는 큰 폭으로 상승했습니다. 팀원들은 이제 리더를 단순한 상사가 아니라 자신들을 진심으로 배려하는 리더로 보게 되었습니다. 리더도 자신의 성향을 바꾸는 것이 어렵지만 보람 있다는 것을 깨달았습니다.

이 사례는 리더십이 단순히 성과를 내는 데 그치지 않고 팀과 조직의 문화를 이끌어가는 데까지 확장되어야 한다는 점을 보여줍니다. 변화는 리더에게 용기와 자기 성찰을 요구하지만 그 결과는 팀과 조직 모두에게 긍정적인 영향을 미칩니다. 부정적 리더십을 피하고 변화를 만들어내려는 모든 리더에게 이 이야기가 하나의 길잡이가 되기를 바랍니다.

또 다른 사례를 소개합니다. 한 공공기관에서 만난 기관장은 흔히 말하는 직원 입장에서 가장 만나기 싫은 유형의 리더였습니다. 그는 매우 똑똑하고 부지런했습니다. 문제는 이런 리더의 특성이 직원들에게는 오히려 부담과 어려움으로 다가온다는 점입니다. 게다가 강압적이고 권위적인 성격까지 가지고 있었습니다. 그뿐만 아니라 미세관리형 리더십까지 겸비해 사사건건 직원들의 의견을 묵살했습니다. 직원들은 기관장만 보면 두려워 피하거나 최소한의 접촉만 하려는 경향이 강했습니다.

기관장은 조직에서 거의 신과 같은 존재로 보였습니다. 그는 기관의 성과를 위해 끊임없이 최대치 업무를 지시했고 진행 상황을 세세히 확인했습니다. 직원들은 기관장이 원하는 방향을 빠르게 파악해 맞춰야 했고 자신들의 아이디어를 제시하거나 창의적인 문제 해결 방안을 고민하는 것조차 포기한 무기력한 상태였습니다.

기관장을 처음 만난 날 필자는 그에게서 강한 독불장군의 모습을 보았습니다. 조직을 끌고 가는 방식이 명확했고 자신의 방식이 가장 효율적이고 효과적이라고 믿는 것 같았습니다.

보고하기 위해 기관장 앞에 선 직원들은 1~2시간 동안 질책과 지적을 받는 경우가 부지기수였습니다. 심지어 보고서의 철자나 띄어쓰기까지 간섭할 정도였습니다. 이러한 상황에서 직원들이 느끼는 스트레스는 너무나 심각했습니다. 조직 문화를 긍정적으로 변화시키기 위해 가장 먼저 필요한 것은 기관장의 인식 변화였습니다. 직원들의 불안과 불만은 이미 조직 깊이 자리잡고 있었고 이를 해결하지 않고서는 기관 전체의 조직 문화를 바꾸는 것이 불가능해 보였습니다.

필자는 변화관리 모델의 하나인 ADKAR 모델을 활용해 기관장의 리더십을 변화시키는 작업에 착수했습니다.

ADKAR 모델은 조직 및 개인의 변화를 다섯 단계로 나누어 접근하는 방식입니다.

1단계는 기관장이 자신을 인식하는 단계입니다. 스스로 변화할 필요가 있다는 것을 알지 못하면 어떤 변화도 시작될 수 없기 때문입니다. 하지만 기관장은 처음부터 변화에 대한 저항이 강했습니다. 자신의 방식에 대한 확신이 강했고 오랫동안 이런 방식으로 성과를 내왔기 때문입니다. 변화를 이끌기 위해 구성원들이 느끼는 감정과 기관장이 앞으로 얻게 될 혜택을 반복적으로 차근차근 설명했습니다. 특히 "성과를 지속적으로 내는 조직은 직원들의 조직 몰입과 만족에서 시작된다"라는 점을 강조했습니다. 기관장의 변화가 시작되면 조직도 크게 변할 것이라는 메시지를 끊임없이 전달했습니다.

2단계는 기관장이 변화의 필요성과 그에 따른 혜택을 인식하도록 하는 것이었습니다. 기관장은 강압적이고 권위적인 방식이 아니더라도 성과를 낼 수 있다는 것을 받아들이기 어려워했습니다. 어떻게 사람을 움직일 수 있냐고 오히려 화를 냈습니다. 이에 필자는 다른 조직 리더의 모범 사례를 소개하며 긍정적인 변화가 모두에게 이익이 된다는 점을 설득했습니다.

3단계는 구체적인 동기부여였습니다. 기관장이 변화를 받아들이기 시작한 순간부터 실천할 수 있도록 돕는 과정이 필요했습니다. 이를 위해 기관장이 타 기관의 성공적인 리더와 교류하거나 리더십 교육 프로그램에 참여해 다른 사례들을 볼 수 있도록 유도했습니다. 이는 기관장에게 실제로 변화의 효과를 낼 수 있다는 확신을 심어주기 위한 과정이었습니다.

4단계는 실제로 행동에 옮기는 것이었습니다. 기관장은 새로운 리더십 방식을 연습했고 조직에서 대입해 보았습니다. 필자는 이를 모니터링하며 피드백을 제공했고 노력하시는 데 감사의 인사도 드렸습니다. 이후 기관장은 적극적으로 직원들과 열린 태도로 소통을 시도했습니다. 하지만 중간중간 또 다시 과거 방식으로 되돌아가는 경우가 발생하기도 했습니다. 이는 변화 과정에서 흔한 일이었습니다. 중요한 것은 다시 피드백을 제공해 긍정적인 모습으로 돌리는 것이었습니다.

5단계는 지속적인 변화를 유지하는 것입니다. 변화는 단기가 아닙니다. 장기적인 관점에서 접근해야 합니다. 기관장이 새로운 리더십 스타일을 완전히 내재화하고 이를 통해 조직 문화가 긍정적으로 자리잡을 수 있도록 접근했습니다.

기관장의 변화는 더뎌 보였지만 점점 조직에 긍정적인 영향이 시작된 것으로 느껴졌습니다. 처음에는 직원들과 담당자들이 기관장의 변화를 의심했습니다. "얼마나 갈까? 얼마 안 가 원래대로 돌아오겠지"라는 반응이 대부분이었습니다. 하지만 기관장은 다행히 변화를 멈추지 않았습니다. 조금씩 직원들에게 다가가고 의견을 경청하며 소통하려는 노력을 이어갔습니다.

이 사례는 리더의 지속적인 노력과 변화가 조직 문화 전체를 바꿀 수 있다는 것을 확인시켜 주었습니다. 즉, 건강한 리더가 건강한 조직을 만들어 갈 수 있습니다.

9.3 리더의 작은 행동 변화가 조직의 큰 차이를 만든다

앞의 사례에서 보았듯이 리더십은 거창하거나 화려한 것에서 시작되는 것이 아닙니다. 오히려 조직을 변화시키는 것은 리더의 소소하고 작은 행동 변화에서 비롯됩니다. 작은 관심, 경청, 직원의 실수를 감싸주는 태도, 소통하려는 자세, 믿고 지켜봐주는 태도 등이 쌓여 조직 문화를 바꾸고 직원의 태도를 변화시킵니다.

실제 현장에서 "리더가 이제 저희 이야기를 좀 들어주려고 해요", "이제 자율적으로 맡기시려는 것 같아요", "리더가 잘못한 것을 자기 스스로 인정하고 솔직하게 사과했어요"와 같은 직원들의 작은 경험이 직원들과 조직의 신뢰와 결속을 강화시킵니다.

특히 앞에서 언급한 부정적 리더십에서 긍정적 리더십으로 전환하는 과정은 한순간에 이루어지는 것이 아닙니다. 작지만 꾸준한 노력이 조직에 긍정적인 영향력을 미칩니다. 결국 직원들의 긍정적인 행동을 끌어내는 것은 리더의 몫이며 그것은 작은 행동 변화입니다.

리더십은 완벽해야 되는 것이 아닙니다. 오히려 끊임없이 학습하고 성장하는 과정이며 자기 인식과 노력의 과정이라고 할 수 있습니다. 작은 변화가 조직의 큰 차이를 만듭니다. 그러므로 당신도 긍정적 리더가 될 수 있습니다.

팀장이 반드시 갖추어야 하는 문화 리더십

10

팀을 넘어 조직을 바꾸는 힘

뛰어난 팀장의 역할은 '성과 창출자'를 넘어 '조직문화 촉진자'로 확장해 건강한 조직문화 형성과 전파까지 더 확장된 리더십의 영향력을 발휘하게 됩니다. "조직문화는 CEO가 만들고 팀장이 전파한다" 이 말은 단순한 수사가 아닙니다. 조직의 전략이 최상위에서 만들어지더라도 그것이 실현되는 무대는 팀이라는 현장이고 그 중심에 있는 사람이 바로 팀장입니다.

우리는 팀을 단순한 관리 단위로 보면 안 됩니다. 팀은 하나의 마이크로(Micro) 조직이며 실험실이고 생태계입니다. 전략이 실행으로 나타나는 마지막 경계선이자 조직문화가 실제로 구현되는 진정한 장(場)이 바로 팀이기 때문입니다.

오늘날 뛰어난 기업일수록 '문화적 일관성'을 전략과 동등한 수준에서 다룹니다. 이는 단지 '좋은 분위기'를 만들기 위해서가 아닙니다. 조직문화는 의사결정의 우선순위를 정하고 협업 방식과 규범을 만들며 리더십과 팔로워십의 기준을 정합니다. 다시 말해 문화는 전략보다 조직을 더 강하게 결속시키는 소위 '무형의 운영체계'인 것입니다.

그렇다면 이 체계를 일상에서 구동시키는 장본인은 누구일까요? 바로 팀장입니다. 하지만 많은 팀장들은 여전히 실적, 인사평가, 일정 관리에 매몰된 채 '문화'는 임원진이나 조직차원의 책임이라고 생각합니다. 하지만 조직문화 발현의 메커니즘을 본다면 팀장이 하는 말과 행동 하나하나가 업무 현장에서 조직문화의 표본이 됩니다. 왜냐하면 구성원들은 조직을 평가하기 전에 팀장을 평가하고 리더의 피드백 방식, 회의 분위기, 실수에 대한 태도 등에서 순간순간 조직의 본모습을 체험하기 때문입니다.

이번 장에서는 바로 그 점에 주목하려고 합니다. 팀장이 가져야 할 새로운 역할인 '문화 리더로서의 정체성'에 주목해야 할 필요성 말입니다. 그래서 우리는 팀장을 단지 성과 관리자가 아닌 문화 설계자(culture designer), 문화 실험가(culture experimenter), 문화 촉진자(culture facilitator)로 보아야 합니다. 즉, 팀장의 리더십은 이제 '사람을 움직이는 것'을 넘어 '문화의 움직임'을 만들어야 합니다.

근본적인 조직 변화는 가장 가깝고 작은 단위에서부터 시작됩니다. 그것이 바로 팀이고 그 중심에 선 사람이 바로 당신, 팀장 여러분입니다. 특히 팀장은 조직 내에서 가장 강력한 문화 메신저(culture messenger) 역할을 수행해야 하며 그렇게 되면 팀과 조직을 아우르는 리더십을 자연스럽게 발휘할 수 있게 됩니다. 그런 면에서 팀 문화 또는 조직문화를 만드는 팀장 리더십이 어떻게 발휘될 수 있는지 함께 살펴보겠습니다.

10.1 팀장은 조직문화의 촉진자다

1) 왜 팀장이 문화의 시작점이 되는가

조직문화는 구호나 슬로건에서 시작되지 않습니다. 그것은 팀장의 눈빛, 말투, 회의 방식, 피드백 습관처럼 '일상에서 드러나는 행동'의 축적에서 만들어집니다. 실제로 구성원이 조직문화를 인식하는 지점은 대체로 자신의 팀장의 말과 행동입니다. 다시 말해 팀장은 조직문화의 전달자이자 실천자인 동시에 촉진자입니다. 팀장의 리더십은 팀원들에게 단지 '업무를 시키는 사람'이 아니라 '문화를 만드는 사람'으로 각인됩니다.

에드거 샤인(Edgar Schein)의 조직문화 3층 구조 이론에 따르면 조직문화는 표면적 산물(artifacts), 공유된 가치(shared values), 심층 가정(basic assumptions)으로 구성됩니다. 그중에서도 팀장은 '표면 수준의 문화' 즉, 일상적 행동과 상징을 가장 직접적으로 다루는 사람입니다. 팀장의 언행은 공유 가치를 증폭시키고 심층 가정을 형성하는 기반이 됩니다. 여기서 심층 가정을 형성하는 기반이 된다는 점에 주목할 필요가 있는데 얼마전 10번의 조직문화 워크숍에서 보수적, 수직적, 폐쇄적 문화를 만드는 데 팀장의 리더십 스타일과 행동이 매우 큰 역할을 하는 것을 체험한 적이 있습니다. 특히 이런 문화의 저변에는 팀장이 눈치를 주거나 팀장의 눈치를 봐야 하는 다양한 상황이 있었는데 이는 조직문화가 만들어지는 시발점에 팀장이 매우 큰 기여를 하고 있음을 시사합니다. 다음은 팀원들의 이야기입니다.

- 회식 메뉴를 고르라고 할 때
- 회식에 개인적인 일로 불참해야 할 때 또는 "오늘 저녁 시간되지?"라고 물어 올 때
- 회식 자리에서 습관상 늘 술을 안 마실 때
- 회식 장소를 정하라고 할 때
- 퇴근 시간 5분 전인 5시 25분에 회식하자고 말할 때
- 시간되는 사람끼리 밥 먹자고 할 때
- 밥 먹는 속도가 느릴 때
- 충원이 필요한 일을 혼자 해야 할 때
- 퇴근 시간이 되어 퇴근할 때 또는 정시 출근, 정시 퇴근할 때
- 법인 카드를 미처 보고하지 못한 상황에서 사용했을 때
- 사무용품 같은 적은 비용을 결재받아야 할 때 또는 큰 비용을 써야 할 때
- 휴가를 썼는데 갑자기 일이 터져 출근해야 할 때
- 육아 휴직을 써야 할 때
- 휴일 사이를 붙여 휴가를 쓸 때
- 회사 행사에 불참해야 할 때 또는 야유회에 불참할 때
- 회사 행사 참여 설문 조사 요청을 받았을 때
- 팀장님이 임원실에 다녀온 후 심기가 불편할 때
- 팀장님이 분노할 때 등

　물론 이외에도 팀원에게 조언해야 할 때 표정을 살펴야 한다거나 후배의 기분이 안 좋아 보일 때는 팀장들도 팀원의 눈치를 보게 된다고 답변했습니다. 하지만 전반적으로 팀장보다 팀원들이 주로 눈치를 보게 되고 사소

한 것부터 큰 문제에까지 눈치라는 표면적 산물을 통해 보수성, 경직성, 폐쇄성과 같은 문화적 심층 가정이 형성되거나 전파되는지 잘 알 수 있었습니다. 즉, 팀장의 리더십은 문화의 시작점이 되기에 충분한 힘을 갖고 있습니다.

2) 현장 이야기: 회의 시간 10분 전의 힘

최근 진단과 워크숍을 실시한 한 금융기업의 김 팀장은 회의가 있을 때마다 항상 10분 먼저 회의실에 도착해 화이트보드에 당일 어젠다를 적고 회의 흐름을 정리해 두었습니다. 처음에는 별다른 의미 없이 하던 행동이었지만 시간이 지날수록 팀원들도 자연스럽게 회의 전에 준비된 상태로 입장하게 되고 팀 회의가 "훨씬 집중되고 시간 낭비가 없다"라는 평가를 받게 되었습니다. 결국 김 팀장의 일상적인 행동 하나가 팀의 준비 문화, 시간 문화, 존중 문화의 기반이 된 것입니다. 팀장이 조직문화의 시동을 거는 존재라는 것은 이렇게 작지만 지속적인 행동으로 입증됩니다.

3) 팀 문화는 자생하지 않는다: 팀장의 문화 역할 선언이 필요하다

많은 팀들이 "우리 팀 분위기는 부지불식간에 생긴 것이다"라고 착각합니다. 하지만 그 분위기는 대부분 팀장이 만들어낸 '무의식적 반복 행동'의 결과물입니다. 따라서 리더는 문화를 방치하지 말고 주도적으로 설계하는 존재가 되어야 합니다. 이를 위해 다음과 같이 '문화 촉진자 선언문'을 작성해볼 것을 권합니다.

"나는 우리 팀의 일하는 방식을 명확히 하고 일관된 행동으로 문화를 실천하며 피드백과 대화에서 모범을 보이겠다"

이처럼 문화에 대한 '의식적인 선언'이 팀장 자신의 행동을 조율하고 팀원에게는 신뢰를 주는 출발점이 됩니다. 그렇다면 문화 리더십 실천법은 어떻게 실행해야 할까요?

4) 문화 리더십 실천법: 문화 맵핑과 리더십 로그

문화를 만들기 위한 팀장의 실천법은 비교적 심플합니다. 우선 1단계는 자신의 팀의 문화 상태를 진단해보는 것입니다. 다음과 같은 간단한 질문들을 통해 '문화 맵핑'을 수행해봅시다.

- 우리 팀은 언제 칭찬을 주고 받는가?
- 회의에서 누가 말을 많이 하는가?
- 실수를 다루는 분위기는 어떤가?
- 상호간 피드백은 어떤 방식으로 이루어지는가?

이런 질문을 통해 우리 팀의 행동 패턴을 관찰하고 '문화의 단면'을 시각화해낼 수 있습니다. 이런 맵핑을 시도해봄으로써 우리 팀의 현주소를 더 생생히 바라볼 수 있게 됩니다.

2단계는 팀장으로서 나의 행동을 로깅하는 것입니다. 특히 나 자신이 팀장으로서 지난 일주일 동안 어떤 대화와 행동을 했는지 간단히 기록해보면 자신도 모르게 어떤 문화적 신호를 보내고 있었는지 확인할 수 있습니다. 이는 문화 촉진자로서 나의 '문화 영향력'을 자각하는 강력한 도구가 되며 자신을 스스로 성찰하는 토대로 활용할 수 있습니다.

5) 리더 성찰 연습

- 나는 지난 일주일 동안 팀장으로서 어떤 문화적 메시지를 행동으로 전달했는가?
- 나의 일상 행동 중 팀 규범을 강화하거나 약화시키는 것은 무엇인가?
- 내가 팀장으로서 반복하는 말이나 행동 중 (반드시) 바꾸어야 할 것은 무엇인가?

자신의 행동을 되돌아보는 것은 누구나 불편할 수 있습니다. 하지만 그 불편함 속에서 문화 리더십은 자랍니다. 교정되거나 관리되지 않은 문화는 나름 거친 속성을 가질 수밖에 없다는 점에 착안해야 합니다.

요약한다면 팀장은 관리자이기 이전에 문화의 촉진자입니다. 팀장은 문화를 설계하고 실천하는 핵심 위치에 있으며 조직문화는 리더의 '작지만 일관된 행동'에서 시작됩니다. 조직 변화는 거창한 프로젝트에서 시작되는 것이 아닙니다. 회의 시작 전 환하게 웃으며 인사하는 습관, 자세를 낮추어 피드백을 먼저 구하는 태도, 의견이 다르더라도 질문에 경청하는 자세처럼 일상 속 작은 실천에서 싹틉니다. 팀장은 문화를 바꿀 수 있는 가장 가까운 '문화의 손'을 장착하고 있습니다.

10.2 조직문화는 말이 아닌 태도로 전파된다

조직문화의 정의는 말로 내릴 수 있지만 전파는 행동으로만 가능합니다. "열린 소통을 중시합니다", "심리적 안전감을 지향합니다"라는 선언은 쉽게 볼 수 있지만 정작 회의에서 이견을 제시한 팀원이 리더의 싸늘한 시선에 주눅든다면 그 조직의 문화는 '침묵과 복종'으로 얼룩지고 맙니다.

그런 면에서 팀장 리더십의 진정성은 그가 쓰는 언어가 아니라 태도와 반응에서 증명됩니다. 팀장이 어떤 질문에 어떻게 반응하는지, 실수한 팀원에게 어떤 시선이나 눈빛을 보내는지, 문제 제기를 어떻게 다루는지가 '이 조직에서 통용되는 문화'를 결정짓습니다.

1) 말은 개방적이지만 태도는 폐쇄적인 경우

작년에 300여 명의 부지점장을 대상으로 컨설팅과 교육을 실시했던 한 소비재 유통회사의 박 팀장은 매번 회의 시작 때 "누구든지 자유롭게 이야기해주세요"라는 말을 빠짐없이 덧붙였습니다. 하지만 회의 도중 누군가가 다른 의견을 내면 박 팀장의 표정은 곧바로 굳어지고 "그건 전에도 안 되었던 아이디어잖아요"라고 잘라 말했습니다. 기를 꺾는 이런 말을 반복적으로 들은 팀원들은 회의에서 점점 침묵하게 되었고 얼마 지나지 않아 팀원들 간에는 "팀장 분위기를 잘 살펴가며 말조심하자"라는 무언의 합의가 생겼습니다. 박 팀장은 개방적인 문화 메시지를 말로는 표방했지만 그의 태도는 완전히 상반된 문화를 구축하고 있었습니다.

심리학자 알버트 메러비언(Albert Mehrabian)은 커뮤니케이션의 3대 요소를 다음과 같이 설명했습니다.

- 단어(Verbal): 7%
- 어조(Vocal tone): 38%
- 표정, 몸짓 등 비언어적 신호(Non verbal): 55%

즉, 우리가 전달하는 메시지의 93%는 말이 아닌 태도와 행동으로 해석되고 전파된다는 것입니다. 리더의 짧은 말보다 한숨, 눈길, 미소, 표정 한 번이 문화의 방향까지 바꾸게 됩니다.

2) 리더의 언어와 행동 간 일치도 점검할 루틴

그런 면에서 팀장은 "나는 리더로서 무슨 말을 했고 어떤 행동을 했는가?"를 수시로 점검해야 합니다. 문화를 공고히 하거나 변화시키기 위해 다음과 같은 질문 루틴을 주간 단위로 적용해봅시다.

❶ 이번 주 내가 말한 조직문화 관련 키워드는 무엇인가?
❷ 그 키워드에 부합하는 행동을 실제로 보여주었는가?
❸ 내 반응은 팀원에게 어떤 신호로 해석되었는가?

리더로서의 나의 말과 행동에 대해 팀원들에게 직접 피드백을 요청하는 것도 물론 효과적입니다. "내가 '열린 피드백'을 중시한다고 했는데 실제로 그렇게 느껴졌는지 솔직히 말해줄 수 있나요?"라는 질문은 문화 리더십의 성찰력을 분명히 증폭할 수 있습니다. 좀 더 구체적으로 팀장들이 이것을 일상생활 속에서 어떻게 실천할 수 있을지 다음과 같은 작지만 접근 가능한 몇 가지 방안을 살펴봅시다.

3) 피드백 루틴과 감정 점검 시트

- **'말-행동 일치 맵핑 시트'**: 매주 한 가지 리더십 메시지와 그에 대응되는 행동 사례를 기록하는 양식을 활용합시다.
- **'감정 점검 카드'**: 1대1 면담이나 팀원들과의 회의 전후 나의 표정과 어조를 자가진단하는 루틴을 만들어봅시다.
- **'심리적 반응 트래커'**: 하루 동안 있었던 팀원 의견에 대한 나의 반응을 되돌아보는 1분 일지를 작성해봅시다.

이런 간단한 실천만으로도 리더의 무의식적 문화 신호를 조율하고 나아가 개선도 가능합니다. 위의 몇 가지 중에서 하나만 실행해도 충분히 효과를 볼 수 있습니다.

4) 리더 성찰 연습

- 최근 나는 팀장으로서 어떤 메시지를 말로 전달했는가?
- 그 메시지는 내 표정, 말투, 반응에서 일관되게 전파되었는가? 또는 너무 형식적인 때는 없었는가?

- 팀원들은 나의 어떤 태도나 행동에서 문화적 힌트를 읽고 있을까?

이 질문은 팀장들이 만드는 '문화적 신호체계'를 자신들 스스로 평가하게 해줍니다. 중요한 것은 '문화 설계자인 팀장 자신이 말한 것'이 아니라 '문화 평가자인 팀원들이 해석한 것'입니다.

조직문화는 리더가 '무엇을 말하는가'보다 '어떻게 행동하는가'가 좌우합니다. 말과 행동이 다를 때는 오히려 리더나 조직에 대한 불신이 초래되고 문화 측면에서 해로운 형태로 굳어집니다. 이런 맥락에서 팀장은 말뿐인 메시지가 아니라 행동에 기반한 신호를 지속적으로 보내야 하며 그 신호는 회복탄력성, 공정성, 안전감, 성장 가능성이라는 조직의 공유 가치와 일치해야 합니다. 말과 행동이 분리되거나 상반되면 신뢰는 붕괴되고 말과 행동이 일치될 때 조직문화는 비로소 자리잡게 됩니다.

10.3 팀의 문화 진단과 변화 실습

1) 문화야말로 측정 없이는 관리되지 못한다

조직문화를 바꾸고 싶다면 먼저 그 자체를 깊이 들여다보아야 합니다. 리더가 자신의 팀이 어떤 문화를 가지고 있는지 감으로만 알고 있다면 그것은 실체가 없는 믿음일 수 있습니다. 진단 없는 처방은 때때로 더 큰 저항을 불러오는 법입니다. 우리가 업무성과나 비용은 수치로 관리하면서도 조직

문화는 직관에 의존한다면 그것은 리더십의 사각지대를 스스로 만드는 셈입니다.

조직 변화는 '인지 → 실험 → 확산'의 순환을 거쳐야 합니다. 팀장의 첫 역할은 바로 팀의 현재 문화를 '언어화'하고 '형상화'해 구성원과 함께 인식의 지대를 넓히는 것입니다.

조직문화의 정의는 말로 내릴 수 있지만 전파는 행동으로만 가능합니다. "열린 소통을 중시합니다"

2) 회의 문화를 바꾼 작은 실험

1년간 조직문화에 대해 자문했던 한 스타트업의 강 팀장은 어느 날 회의가 끝날 무렵 구성원들에게 이렇게 물었습니다. "오늘 회의 어땠나요? 한 문장으로 표현해본다면요?"

팀원들은 처음에는 어색해했지만 곧 "예상보다 집중도가 높았다"와 같은 긍정적 의견, 다른 한편으로는 "다소 시간 낭비였다" 등 다양한 피드백을 주기 시작했습니다. 강 팀장은 그 내용을 회의록 마지막 줄에 기록하고 다음 회의에서 개선된 점에 대해 팀원들의 의견을 다시 공유했습니다. 2개월 후 이 팀은 회의 시간이 20분 줄었고 발언 빈도가 전원에게 분배되는 특징을 보였습니다. 이처럼 변화는 거창한 액션보다 매우 작고 구체적인 실험에서 시작되는 경우가 허다합니다.

3) 사회심리학의 창시자 커트 레빈이 말하는 실행연구 순환 모델

조직 변화 이론의 고전인 커트 레빈의 실행연구 순환 모델은 다음과 같은 4단계로 구성됩니다.

(1) 진단(Diagnosis): 현재 상태를 인식하고 원인을 파악한다.
(2) 계획(Planning): 개선을 위한 실험이나 행동 계획을 세운다.
(3) 실행(Action): 실제로 실험하고 피드백을 수집한다.
(4) 평가 및 재계획(Evaluation & Adjustment): 결과를 바탕으로 다음 행동을 조정한다.

팀장은 이 사이클을 통해 문화적 실험을 실시하고 관리하는 '문화 실험가'가 되어야 합니다.

4) 우리 팀의 문화 진단 및 관리 방안 설계에 적용해보기

(1) 우리 팀 문화 자가진단표
- 회의 도중 자유롭게 의견을 개진할 수 있다.
- 팀장은 실수를 비난하기보다 원인을 함께 찾아본다.
- 피드백이 정기적으로 오간다.
- 회의가 명확한 목적과 시간 안배 하에 운영된다.
- 서로 다름을 존중하는 분위기가 있다.

결과를 팀원과 공유하고 '문화 지도'를 모두 함께 만들면 인식의 전환이 시작됩니다.

(2) 작은 변화 실험 설계 워크시트
다음 항목으로 구성된 변화 실험 워크시트를 팀장이 작성해봅시다.
- 우리가 바꾸고 싶은 문화적 행동은?(예: 회의 집중력, 피드백 빈도)
- 이를 어떻게 실험해볼 수 있을까?(예: 회의 전 아이스브레이킹 1분 추가)
- 무엇으로 측정할 것인가?(예: 회의 집중도 체감도 조사, 발언자 수)

(3) 팀 단위 변화 챌린지 운영
- '일주일간 나부터 실천할 행동'을 포스트잇에 작성
- '팀 피드백데이'를 운영해 작은 변화를 공유
- 효과적이었던 변화는 새로운 팀 규범으로 전환

중요한 것은 팀장뿐만 아니라 팀원들도 팀 문화에 대해 의견을 함께 표출하는 데 어떤 변화가 필요한지 공동으로 규정한다는 것입니다. 이렇게 다수가 약속하고 이를 지키려는 시도를 하면 변화에 대한 저항이 자연스럽게 줄고 서로에게 변화 리더십을 발휘할 수 있는 토대가 마련되기 때문입니다.

5) 리더 성찰 연습
- 나는 팀장으로서 팀의 문화를 어떤 기준으로 판단해왔는가? 데이터인가, 감인가?
- 최근 우리 팀의 일하는 방식 중 변화가 필요한 부분은 무엇인가?

- 그 변화를 실험해볼 수 있는 안전한 방식은 무엇이며 어떻게 만들 것인가?

변화를 위해서는 진단이 선행되어야 하며 문화 변화는 한 번의 강의나 워크숍으로 이루어지지 않습니다. 가장 효과적인 방식은 작은 실험입니다. 팀장은 자신의 문화를 '보는 눈'과 변화를 '설계하는 머리'와 실행 후 다시 '해석하는 눈'을 가져야 합니다. 작지만 의식적인 실험은 팀에게 새로운 문화의 서막을 열게 될 것입니다.

10.4 문화 리더십의 5가지 실천 전략

1) 문화는 행동이 반복되어 시스템이 될 때 정착된다

조직문화는 단지 좋은 말로 유지되는 것이 아닙니다. 리더의 말과 행동이 시스템화되고 그것이 구성원의 일상 루틴 속에 반복적으로 녹아들 때 비로소 '문화'가 됩니다. 단순한 동기부여가 아닌 의식적 설계와 실행 루틴을 갖춘 리더만 문화 리더십을 실현할 수 있습니다.

문화는 이론상 모호하고 추상적인 개념 같지만 조직 내 모든 요소에 적용되기 때문에 실제로는 구체적인 루틴과 실천의 문제로 귀결됩니다. 따라서 리더는 문화를 팀 내 관리 가능한 구조로 설계하고 지속 가능한 방식으로 실현해야 합니다.

2) 성과관리를 '질문 중심 피드백 문화'로 바꾼 팀

한 IT서비스 업체의 송 팀장은 작년까지 성과 평가 시즌마다 "이 기준대로 작성하세요", "왜 이걸 못했죠?"라는 방식으로 평가 대화를 진행했습니다. 그래서인지 팀원들의 반응은 항상 방어적이었고 다음 분기에도 똑같은 문제들이 반복되었습니다.

송 팀장은 이를 바꾸기 위해 '질문 중심 성과 피드백 실험'을 시작했습니다. 평가지표를 넘기기 전 먼저 1대1 대화에서 팀원에게 다음과 같이 물었습니다.

- 이번 분기에 스스로 만족스러웠던 업무는 무엇이었나요?
- 어려웠던 순간을 되돌아본다면 어떤 지원이 필요했나요?
- 다음 분기에는 어떤 방식으로 성장하고 싶나요?

처음에는 당황했던 팀원들도 자신의 업무를 되돌아보며 평가가 아닌 '개발'의 시간으로 점점 느끼기 시작했고 피드백 대화 이후 다음 분기 목표 설정을 훨씬 적극적으로 할 수 있게 되었습니다. 결국 이 팀장은 팀의 성과관리를 '통제'에서 '성장과 대화' 중심으로 전환하는 데 성공했습니다.

3) 문화는 일관성과 시스템화가 좌우한다

존 코터(John Kotter)의 변화관리 이론 중 마지막 단계인 '새로운 문화 내

재화'는 다음과 같은 조건이 충족될 때 가능하다고 설명합니다.

(1) 리더의 행동이 조직의 핵심 가치와 일치한다.
(2) 그 행동이 제도, 프로세스, 평가에 반영된다.
(3) 구성원이 이를 반복적으로 경험하고 이해한다.

즉, 말-행동-제도-반복 4개 요소가 선순환을 이룰 때 진짜 문화가 되는 것입니다.

4) 팀장의 문화 리더십 5가지 실천 전략

(1) 일관된 메시지 반복(Consistent Messaging)
- 리더가 중요한 조직문화 메시지를 지속적으로 말하고 행동으로 반복해야 한다.

예: "우리는 성장을 위한 피드백을 중시한다"라는 말을 성과 면담, 회의, 1대1 미팅, 게시물 등에 반복적으로 노출

(2) 작지만 눈에 보이는 실천(Visible Micro Behaviors)
- 리더가 중요한 조직문화 메시지를 지속적으로 말하고 행동으로 반복해야 한다.

예: 피드백 대화 도중 리더가 먼저 "내가 개선해야 할 점은 무엇일까요?"라고 질문하는 행동

(3) 피드백 문화 시스템화(Feedback Systemization)

- 연간 평가 외에도 주간·월간 피드백 루틴을 만들고 피드백 템플릿·도구를 운영

예: '피드백 캘린더', '피드백 가이드북', '피드백 주간' 등 제도화

(4) 구성원의 참여 유도(Participatory Culture Practice)
- 팀원들에게 문화 실천 아이디어를 제안하게 하고 그중 하나를 함께 실천해보기

예: 팀원 A의 제안으로 '금요일 피드백 러닝타임(30분)'을 매주 운영

(5) 업무 방식과 문화 연결(Embedding in Work Practice)
- 단순한 슬로건이 아니라 실제 업무 절차 속에 문화를 내장

예: 성과 리뷰 양식에 '이 일에서 내가 배운 점' 항목 삽입

5) 리더 성찰 연습

- 나는 팀장으로서 어떤 조직문화 메시지를 일관되게 말하고 있는가?
- 그 메시지를 구체적인 행동과 시스템으로 보여주고 있는가?
- 팀원은 나의 어떤 행동에서 문화적 기준을 읽고 있을까?
- '팀 문화 시스템'으로서 내가 팀장으로서 설계한 반복 루틴은 무엇인가?

리더십은 시스템을 설계하는 힘입니다. 조직문화는 일회성 이벤트가 아니라 반복되는 행동과 루틴 속에서 자랍니다. 팀장이 문화를 의식적으로 설계하고 구성원이 그것을 일상에서 '경험'할 수 있도록 만들어야 진짜 문화

리더십이 됩니다. 그런 면에서 팀장은 단순히 말하는 사람이 아니라 실천으로 보여주는 사람, 그리고 그 행동이 팀원들로 하여금 반복되도록 만드는 사람입니다. 문화는 결국 시스템이고 리더는 그 시스템의 설계자입니다.

10.5 다양한 조직 사례 속 팀장이 문화를 변화시킨 이야기

1) 문화는 현장에서 실현된다

앞에서 강조한 것처럼 조직문화는 전략 문서나 CEO 연설에서 시작되는 것이 아니라 실제 일터에서 구성원들이 하루하루 겪는 경험 속에서 형성됩니다. 그리고 그 최전선에 있는 사람이 바로 팀장입니다. 앞에서 강조한 것처럼 팀장은 조직문화의 전달자가 아니라 문화의 '실행자이자 해석자'입니다. 이번에는 다양한 업종에서 문화 변화를 이끌었던 실제 사례들을 통해 문화 리더십의 적용 가능성과 유효성을 조망해보겠습니다.

- **사례 1: 제조업 팀장의 공정성과 신뢰 회복**

배경

작년 컨설팅을 실시한 중견 제조업체 C사는 현장 팀원들 사이에서 '평가 불공정'에 대한 불신이 심각했습니다. 평가 기준이 불명확하고 팀장의 주관적 판단에 따라 결과가 갈린다는 인식이 팽배했습니다.

팀장의 새로운 행동

컨설팅 인터뷰 진행을 위해 만났던 김 팀장은 이를 인식하고 다음과 같은 실험을 진행했습니다.

- 모든 팀원에게 월간 업무 목표와 측정 기준을 스스로 설정하게 함
- 월간 단위로 1대1 성과 회고 세션을 실시하며 팀원이 직접 자신의 성과를 공유하도록 유도
- 성과 평가 결과와 관련된 주요 피드백을 '기록'해 팀원이 열람 가능하게 함
- 팀장의 지원이나 개입이 필수적인 부분과 팀장과 팀원이 각각 수행해야 할 역할을 명확히 커뮤니케이션하고 합의함

결과

불만이 많았던 다수 구성원들의 의견이 바뀌어 "지금은 적어도 납득 가능한 방식이다"라고 응답했으며 팀 내 이직 의향은 28%에서 11%로 감소했습니다. 이후 인사팀에서 이 방식을 타 부서에 벤치마킹하며 문화 변화 모델로 확산되었습니다. 팀 문화가 조직문화 차원으로 충분히 확산될 수 있다는 것을 보여준 사례였습니다.

• 사례 2: 공공기관의 심리적 안전감 조성 실험

배경

A 공공기관의 부서장인 박 팀장은 MZ세대 직원들과 갈등을 반복하고 있었습니다. 구성원들은 "말해도 안 통한다", "정답이 이미 정해져 있다"라며 점점 더 침묵을 지켰습니다.

팀장의 새로운 행동

박 팀장은 '대화 회복 실험'에 착수했습니다.

- 매주 30분간 '리더 없는 회의'를 도입해 구성원들만의 의견 교환 시간을 운영
- 이후 팀장이 들어와 "오늘 나온 의견 중 내가 놓친 부분은?"이라고 질문하

는 방식을 도입

- 팀원의 회의 발언을 요약해 '문화 저널' 형태로 사내 게시판에 공유
- 추가적으로 팀원들이 선호하는 대화 방식을 주기적으로 청취하고 이를 기꺼이 반영함

결과

처음에는 어색했지만 의견 개진율이 점점 늘어나고 팀원 만족도 조사에서 '의견을 낼 수 있는 환경' 문항이 2.4점(5점 만점)에서 3.8점으로 상승했습니다. 소통 문화 회복의 기반이 마련되었습니다.

- **사례 3: 스타트업에서의 피드백 문화 내재화**

배경

급성장 중인 스타트업 B사는 다국적 구성원과 다양한 연차의 구성원들이 혼재된 업무 환경이었습니다. 그리고 피드백이 상하관계 중심으로만 흘러 불만과 오해가 증가하고 있었습니다.

팀장의 새로운 행동

유 팀장은 피드백 문화를 만들기 위해 다음과 같이 실천하기 시작했습니다.

- '30초 피드백 루틴': 주간 회고 시간에 1인 1피드백 발표
- 슬랙에 전용 피드백 채널 개설, 긍정적인 제안과 피드백 분리
- 팀장의 피드백은 '받는 시간'까지 상세히 정해 구성원에게 미리 알림
- 들어온 모든 피드백에 대해 자신의 의견을 밝히거나 못 밝히는 경우, 그 사유를 명확히 공지함

결과

피드백에 대한 거부감이 줄었고 구성원 간 피드백을 주고 받는 빈도 수가 3배

이상 증가했습니다. 이후 유 팀장은 다른 팀에게 피드백 교육을 실시하며 오히려 사내 문화 전파자로 격상되었습니다.

2) 긍정 탐구와 긍정적 일탈

앞의 사례들은 모두 조직 내 문제를 단순히 '고치려는' 접근이 아니라 구성원 스스로 참여하고 변화할 수 있는 긍정적 접근을 활용한 것입니다. 이는 'Appreciative Inquiry'(긍정 탐구) 방식 즉, '조직 안에 이미 존재하는 긍정적인 요소를 확산시키자'라는 사고와 연결됩니다. 또한, 기존 틀을 벗어난 실험과 성찰은 'Positive Deviance(긍정적 일탈)' 전략과도 맞닿아 있습니다. 이는 조직 내 비정상적 행동(하지만 긍정적인 성과를 내는 사례)을 관찰하고 확산시키는 방식입니다.

3) 문화 변화를 위한 적용 팁: 사례의 확산 방법

- **우선 기록하고 시각화하라**: 변화한 행동과 결과를 기록해봅시다. 숫자, 발언록, 감정 변화 등 다양한 형태로 변화 코드가 어디에 묻혀 있는지 파악해봅시다.
- **그런 후 팀원과 공유하라**: 워크숍, 회의, 슬랙 등에서 "우리는 이런 변화 실험을 해봤습니다"라고 공유하는 것 자체가 문화입니다. 문화는 공감 속에서 전파됩니다.
- **마지막으로 다른 팀에게 전파하라**: 문화 변화를 위한 성공한 실험은 공유되어야 합니다. 사내 베스트 프랙티스 자료, 러닝세션 등을 통해

팀 밖으로 문화가 확산되어 조직 전반에 흐르게 해야 합니다.

4) 리더 성찰 연습
- 나는 팀장으로서 팀 문화를 바꾸기 위해 지금까지 어떤 실험을 실행했는가?
- 그 실험 효과는 어떻게 측정되었고 구성원에게 어떻게 전달되었는가? 만약 그렇지 못하다면 앞으로 어떻게 실행할 것인가?
- 팀장으로서 나의 문화 리더십은 타인에게 어떤 영향을 미치고 있는가?

문화는 실험을 통해 바뀌는 속성을 갖고 있습니다. 성공적인 문화 변화나 전환은 상향식, 실험 기반, 구성원의 참여적 접근이 효과적입니다. 리더는 '문제 해결자'가 아니라 '환경 설계자'로서 구성원이 성장하고 상호작용할 수 있는 문화를 디자인해야 합니다. 이때 가장 강력한 도구는 '작은 실험'과 '공유된 경험'입니다. 문화는 공유된다는 유의미한 착안점에 집착할 필요가 있습니다.

10.6 팀을 넘은 문화적 영향력: 리더로서 팀장의 사명

1) 리더의 영향력은 팀에 머물지 않는다.

팀장은 단순히 팀을 이끄는 사람이 아닙니다. 팀장의 말과 행동은 팀 내에서 시작되지만 그것은 다른 팀, 다른 부서, 조직 전체로 전파되는 신호가 됩니다. 문화는 위에서 내려오기만 하는 것이 아니라 그에 못지않게 옆으로도 퍼져나가는 파급력이 있습니다. 그래서 팀장이 촉발한 문화 변화가 조직의 '새로운 표준'으로 자리잡는 것은 별로 낯설지 않습니다.

팀장은 자신이 가진 문화적 영향력이 **조직의 방향성, 타 팀의 실천, 심지어 리더십 기준**까지 움직일 수 있다는 사실을 자각해야 합니다. 팀장의 리더십은 "우리 팀만 잘하면 된다"라는 태도로는 절대로 완성되지 않습니다.

2) 성과 관리 문화를 바꾼 영향력 있는 리더

고성과자와 저성과자의 관리 방식에 몰두한 글로벌 소비재 업체의 권 팀장은 기존 성과관리 방식에 스스로 문제의식을 갖고 있었습니다. "리더가 점수를 부여하는 방식은 팀원에게 동기 대신 압박만 줄 뿐이다"라는 판단하에 그는 '목표 설정부터 평가까지 오히려 팀원이 주도하는 방식'을 실험했습니다.

그리고 권 팀장은 다음과 같은 구조를 도입했습니다.

- 팀원이 자신의 분기 목표를 제안하고 리더와 공동 합의
- 분기 마지막에 본인이 자신의 성과를 발표하고 리더는 질의와 제안만 제공
- 모든 과정을 문서화해 투명하게 공유

이 실험은 그 팀에서 높은 몰입도와 성취감을 끌어냈고 구성원들은 평가 시즌을 '나를 성찰하는 시간'으로 인식하게 되었습니다. 이후 이 방식은 HR 부서에 의해 '자율 목표 설정형 평가 프로세스'라는 이름으로 전사 확산

이 검토되었고 현재는 비슷한 구조가 타 본부에도 점진적으로 도입 중입니다. 한 팀장이 시작한 문화가 결국 조직 전체를 움직인 것입니다.

3) 파급효과 이론

조직심리학에서 파급효과(Ripple Effect)는 '한 사람의 행동 변화가 주변 사람에게 영향을 미치고 그것이 조직 전체의 문화로 점점 확산되는 과정'을 말합니다. 특히 중간관리자의 반복적인 행동은 가장 강력한 '문화 전이 매개'로 작용합니다.

이 이론에 따르면 팀장은 다음과 같은 3가지 역할을 수행해야 합니다.

(1) **문화적 모델링:** 내가 원하는 문화를 몸소 실천하고 보여준다.
(2) **전파 구조 설계:** 그것이 팀 외부로 확산되도록 구조적 채널을 만든다.
(3) **이야기로 남기기:** 변화 과정을 기록하고 공유함으로써 조직 내 문화 유산으로 남긴다.

4) 적용 전략: 문화 영향력을 조직 수준으로 확장하기

(1) '우리 팀만의 문화 혁신' 사례 만들기
- 팀에서 시도한 작은 실험을 '사례 카드'로 시각화
- 피드백 지표, 팀원 반응, 업무성과 등으로 효과성 정리

(2) 조직 내 확산 채널 활용

- 사내 슬랙, 뉴스레터, 문화 포럼 등에서 '우리 팀의 문화 변화 이야기' 발표 및 공유
- 사내 세미나에서 동료 팀장들과 실험 공유 및 코칭

(3) 문화 리더십 아카이빙
- 실천했던 문화 사례를 '문화 저널'이나 '리더십 일지'로 정리
- 나의 리더십 여정을 스토리로 만들어 후임 리더와 신입 리더에게 전달

5) 리더 성찰 연습

- 지금까지 나는 팀장으로서 우리 팀을 넘어 조직 전체에 어떤 문화적 메시지를 보낸 적이 있는가?
- 나의 행동은 다른 팀장이나 조직 내 리더들에게 어떤 영향을 미쳤는가?
- 나는 조직 안에서 어떤 문화적 기여나 유산을 남기고 싶은가?

이 질문은 팀장으로 하여금 '자신의 팀'에 머물지 않고 '우리 조직' 전체를 바라보게 만듭니다. 문화 확산 노력은 이처럼 리더십의 스케일을 확장하는 중요한 통로가 됩니다.

리더는 단순히 문화의 전달자가 아니라 문화에 파급을 불러오는 사람입니다. 팀장의 일상 속 행동과 변화 시도는 '한 팀의 이야기'로 끝나지 않습니다. 그것은 전사적 문화 변화나 전환의 씨앗이 되고 조직에 새로운 패턴의 생각과 행동을 만들어냅니다. 한 팀장의 문화 리더십이 또 다른 리더를 바꾸고 그것이 조직 전체를 바꿉니다. 문화 리더십은 조직을 향한 조용하지만 강

력한 혁신입니다. 그 출발점은 바로 팀장인 당신입니다.

앞에서 살펴보았듯이 팀장은 팀 문화뿐만 아니라 조직문화에도 파급을 불러 올 수 있는 사람입니다. 그러기 위해서는 리더로서 스스로 문화에 어떤 영향을 미치고 있는지 자주 성찰하고 변화하려는 노력을 지속해야 합니다. 이와 관련해 다음에 리더 성찰 질문 목록을 추가로 싣습니다. 팀장 스스로 직접 변화의 주체가 되어 실천할 수 있도록 돕기 위해서이며 리더십은 정답을 적용하는 것이 아니라 '자신의 내면과 행동을 되돌아보고 스스로 기준을 세우는 과정'을 통해 진정한 변화를 불러오게 된다는 측면에서 팀장들이 다음의 성찰 질문을 꼭 살펴보며 문화 리더십을 강화하길 바랍니다.

부록 1. 리더 성찰 질문 30선 묶음

(문화 리더십 관점에서 팀장이 자신을 되돌아보는 질문들)

[1] 문화 인식과 정체성

1. 나는 리더로서 팀의 문화에 얼마나 책임을 느끼고 있는가?
2. 우리 팀은 나의 어떤 행동을 통해 조직의 문화를 판단하는가?
3. 나는 스스로 어떤 문화적 가치들을 실천하고 있다고 생각하는가?
4. 조직의 가치와 나의 리더십 철학 사이에 일관성이 있는가?
5. 나는 팀장으로서 어떤 문화를 만들고 싶은가?

[2] 일상 행동의 문화 영향력

6. 회의에서 내가 사용하는 언어는 어떤 분위기를 만드는가?
7. 나는 실수에 어떻게 반응하며 그 반응은 어떤 메시지를 전달하는가?
8. 나의 피드백 방식은 성장 중심인가, 평가 중심인가?
9. 내가 침묵하면 그것을 팀원은 어떤 의미로 받아들이는가?
10. 일상에서 내가 반복하는 문화적 행동은 무엇인가?

[3] 팀원과의 상호작용

11. 팀원들은 나를 신뢰하고 있는가? 그 근거는 무엇인가?
12. 나는 누구의 목소리를 자주 듣고 누구의 목소리를 놓치고 있는가?
13. 나는 팀원의 다양성과 다름을 진정으로 환영하고 있는가?
14. 나는 팀원에게 심리적 안전감을 주는 리더인가?
15. 나는 존중을 팀원에게 어떻게 표현하고 있는가?

[4] 문화 진단과 실험

16. 최근 우리 팀의 문화 상태를 구체적으로 점검한 적이 있는가?
17. 최근 내가 실행한 문화적 실험은 무엇인가?
18. 나는 변화를 주도하는 문화 리더인가, 흐름에 따르는 관리자인가?
19. 실험 결과를 팀원들과 어떻게 공유했으며 반응은 어땠는가?
20. 우리 팀의 문화에서 맨 먼저 바꿔야 할 '작은 행동'은 무엇인가?

[5] 조직 차원의 확산 가능성

21. 우리 팀의 문화 실천은 타 팀에 어떤 영향을 미치고 있는가?
22. 나는 우리 팀의 문화적 성공 사례를 조직 내에서 어떻게 공유하고 있는가?
23. 내가 만든 문화는 다른 리더들에게도 적용 가능한가?
24. 나는 조직문화 확산의 '주도자'로서 어떤 역할을 할 수 있는가?
25. 나는 조직 전체에 어떤 문화적 유산을 남기고 싶은가?

[6] 장기적 리더십 비전

26. 나는 문화 리더십을 단기 성과보다 우선시하는가?
27. 리더십을 통해 조직문화에 기여하고 있다는 내적 확신이 있는가?
28. 나는 리더로서 어떤 '문화적 흔적'을 남기고 있는가?
29. 10년 후 나의 리더십이 조직의 어떤 문화적 토대가 되길 바라는가?
30. 지금 이 순간 내가 선택할 수 있는 '문화적 행동'은 무엇인가?

성찰 질문이 리더인 팀장 스스로 되돌아보게 도와준다면, 팀장을 진정으로 움직이는 실천 체크리스트가 있다면 더 도움이 될 수 있습니다. 그래서 이번에는 '문화 리더십 실천 루틴 체크리스트'를 첨부합니다. 즉, 리더의 성찰을 넘어 실제 행동으로 연결되도록 돕는 실행 도구입니다. 이 체크리스트 활용을 생활화해 매일 바쁜 팀장이 일상 속에서 문화적 행동을 점검하고 루틴화해 조직문화도 성과처럼 관리되고 개선될 수 있다는 생각을 갖길 바랍니다. 이로써 국내 모든 팀장들이나 예비 팀장분들이 문화 리더십을 지속적으로 실천하고 성과와 연결할 기반을 갖추길 바랍니다.

부록 2. 문화 리더십 실천 루틴 체크리스트

(주간 또는 월간 점검용 루틴 도구로 활용 가능)

항목	V 체크	체크리스트
1. 문화 메시지 정렬	☐	이번 주 내가 말한 조직문화 메시지는 무엇인가?
2. 말-행동 일치	☐	말한 메시지를 실제 행동으로 보여주었는가?
3. 피드백 루틴 실천	☐	구성원에게 피드백을 주거나 받은 적이 있는가?
4. 문화 실험 실행	☐	이번 주 시도한 문화 실험은 무엇인가? 그 결과는?
5. 심리적 안전감 조성	☐	실수나 다른 의견에 대해 열린 태도를 보였는가?
6. 공정한 평가 및 성과관리	☐	평가 기준을 사전에 설명하고 공동 설정했는가?
7. 다름과 다양성 존중	☐	나와 다른 의견이나 배경을 존중하는 발언이나 행동을 했는가?
8. 리더십 행동 공유	☐	내가 실천한 문화를 팀에 스토리로 공유했는가?
9. 문화 기록·내러티브 작성	☐	실험이나 사례를 팀 문화 기록지나 일지에 남겼는가?
10. 영향력 성찰	☐	나의 행동이 조직에 어떤 문화적 파급력을 미쳤는지 되돌아보았는가?

문화 리더십은 전략보다 깊고 제도보다 오래간다

조직의 전략은 시장이 바뀌면 달라지고 제도는 시대가 바뀌면 폐기되기도 합니다. 하지만 문화는 남습니다. 그리고 그것은 한 명의 팀장이 반복한 행동, 결정, 질문, 침묵, 미소 가운데 자랍니다.

우리가 진정으로 성숙한 조직이라고 부를 수 있는 집단은 무엇일까요? 그것은 전략적 사고와 성과 달성 능력만 갖춘 조직이 아닙니다. 바로 구성원들이 심리적으로 안전하게 말할 수 있고 피드백을 성장으로 여기며 공정한 대우를 받고 있다고 느끼는 조직입니다. 그리고 이 모든 것을 현실로 만드는 사람은 바로 팀장입니다.

리더십은 기술이 아닌 태도와 문화의 실천력으로 점점 옮겨가고 있습니다. AI와 자동화가 모든 운영 프로세스를 혁신하는 시대에 사람을 움직이는 유일한 힘은 결국 '어떤 업무 환경에서 일하느냐'에 달려 있습니다. 조직이 전략을 내놓고도 실행에 실패하는 가장 큰 이유는 '문화적 마찰'을 간과했기 때문입니다. 문화 리더십은 단순히 조직의 분위기를 좋게만 만드는 것이 아닙니다. 그것은 조직이 추구하는 방향, 가치, 일하는 방식, 리더십 기준을 일상 속에서 구현해내는 고도의 리더십 행위입니다. 그 역할을 팀장이 수행해야 합니다.

문화는 자연적으로 발생하는 것이 아닙니다. 그것은 설계되어야 하고 실험되어야 하고 실천되어야 합니다. 그리고 그것은 언제나 한 사람의 결단에서 시작됩니다. 그 한 사람이 되는 것이 진정한 리더입니다. 이제 팀장은 더 이상 중간관리자가 아닙니다. 여러분은 조직의 미래를 바꾸는 문화 리더가 되어야 합니다. 그리고 그 변화는 여러분의 바로 지금 행동에서 시작될 수 있습니다.

참고문헌

Ashforth, B. (1994). "Petty tyranny in organizations", Human relations, 47(7), 755-778.
Shackleton, V. (1995). "Leaders who derail. Business leadership."